Integriertes Betriebliches Gesundheitsmanagement

Anabel Ternès · Benjamin Klenke
Marc Jerusel · Bastian Schmidtbleicher

Integriertes Betriebliches Gesundheitsmanagement

Sensibilisierungs-, Kommunikations-
und Motivationsstrategien

Anabel Ternès
SRH Hochschule Berlin
Berlin, Deutschland

Marc Jerusel
Zucker.Kommunikation GmbH
Berlin, Deutschland

Benjamin Klenke
brainLight GmbH
Goldbach, Deutschland

Bastian Schmidtbleicher
Variable Individuelle Prävention
VIP-Training
Köln, Deutschland

ISBN 978-3-658-14639-9   ISBN 978-3-658-14640-5   (eBook)
DOI 10.1007/978-3-658-14640-5

Die Deutsche Nationalbibliothek verzeichnet diese Publikation in der Deutschen Nationalbibliografie; detaillierte bibliografische Daten sind im Internet über http://dnb.d-nb.de abrufbar.

Springer Gabler

Gedruckt auf säurefreiem und chlorfrei gebleichtem Papier

Springer Gabler ist Teil von Springer Nature
Die eingetragene Gesellschaft ist Springer Fachmedien Wiesbaden GmbH
Die Anschrift der Gesellschaft ist: Abraham-Lincoln-Str. 46, 65189 Wiesbaden, Germany

Vorwort

Sensibilisierung und Motivation sind derzeit die zentralen Leitmotive im Betrieblichen Gesundheitsmanagement (BGM). Dies ist nur logisch, wenn man bedenkt, dass BGM erwiesenermaßen einen positiven Einfluss auf den Unternehmenserfolg haben kann, wenn man Mitarbeiter von einem gesundheitsgerechten Verhalten überzeugt. Das aktuelle Präventionsgesetz untermauert diesen Anspruch und führt dazu, dass derzeit viele Unternehmen nach der perfekten Motivationsstrategie suchen, um Mitarbeiter und/oder Entscheider für das Thema zu begeistern. Doch wie geht man vor? Wie berät man den Beratungsresistenten? Wie überzeugt man Führungskräfte von der „gesunden Sache" im Unternehmen? Mit diesen und anderen Fragen beschäftigt sich dieses Buch. Aufbauend auf sowohl wissenschaftlichen Theorien als auch konkreten Umsetzungsbeispielen, welche die Autoren in den letzten Jahren sammeln konnten, werden Strategien präsentiert, wie Mitarbeiter nachhaltig motiviert werden können.

Dabei werden aktuelle Kommunikationstrends wie Digitalisierung genauso behandelt wie virale Marketingansätze und kommunikationspsychologische Grundlagen. Diese werden anschaulich erklärt und auf das Betriebliche Gesundheitsmanagement übertragen. Am Ende des Buches wird ein Leitfaden zur erfolgreichen Mitarbeitermotivation für Gesundheitsmanager geliefert, welchen die Autoren den „Blended Communication Approach" nennen.

Berlin, Deutschland   Anabel Ternès
Goldbach, Deutschland   Benjamin Klenke
Berlin, Deutschland   Marc Jerusel
Köln, Deutschland   Bastian Schmidtbleicher

Inhaltsverzeichnis

Historie, Status quo und künftige Herausforderungen

1

Betriebliches Gesundheitsmanagement (BGM) hat Tradition, das zeigt Abschn. 1.2 auf und führt chronologisch durch die Geschichte des BGM. Aktuelle Definitionen bereiten dann die Grundlage für eine Darstellung der derzeitigen Situation von BGM in Deutschland mit aktuellem Zahlenmaterial aus Marktforschungsergebnissen auf. Aktuelle Herausforderungen und Hindernisse zeigen anschließend den Zusammenhang zwischen Trends, Tendenzen in Wirtschaft und Gesellschaft und den daraus resultierenden Entwicklungen, Chancen und Perspektiven von Betrieblichem Gesundheitsmanagement.

1.1 Historischer Abriss

Einer der Ursprünge des heutigen BGM ist in äußerst pragmatischen Erwägungen zu finden, die sich in erster Linie mit der zunehmenden Wehruntauglichkeit junger Menschen befassten: Der preußische König Wilhelm III. (1770–1840) wurde im Jahr 1828 mit einer Beschwerde seines Generalleutnants Heinrich Wilhelm von Horn (1762–1829) konfrontiert, dass Kinderarbeit die „körperlichen Entartung" der Jugendlichen verstärke und er sich deswegen nicht mehr in der Lage sehe, das Truppenkontingent zusammenzustellen. Tatsächlich arbeiteten Kinder damals bis zu 13 Stunden am Tag unter gesundheitsgefährdenden Bedingungen, die potenziellen Rekruten waren de facto in sehr schlechtem Gesundheitszustand (Dörr 2004, S. 141).

Es dauerte allerdings bis 1839, bis das sogenannte „Preußische Regulativ" den Beginn der Sozialpolitik markierte: Das Mindestarbeitsalter wurde auf neun Jahre festgelegt, gleichzeitig die maximale tägliche Arbeitszeit für Unter-16-Jährige auf zehn Stunden begrenzt – nachts und sonntags wurde die Kinderarbeit generell verboten. Zudem mussten die Kinder wenigstens rudimentäre schulische Kenntnisse

© Springer Fachmedien Wiesbaden GmbH 2017
A. Ternès et al., *Integriertes Betriebliches Gesundheitsmanagement*,
DOI 10.1007/978-3-658-14640-5_1

vorweisen, um überhaupt beschäftigt zu werden. Die Voraussetzungen waren zumindest umrissen: drei Jahre Schule, „geläufiges Lesen" und Schreiben in Grundzügen. Die Einhaltung dieser gesetzlichen Auflagen wurde von der Polizei und der Schulbehörde kontrolliert. Dieses Pilotprojekt diente in den Folgejahren als Vorbild für ähnliche Regelungen in Baden und Bayern, letztendlich wurde auf diese Weise sukzessive eine weitreichende Entwicklung ausgelöst (Dörr 2004, S. 146 f.).

Zur einheitlichen Regelung für das Deutsche Reich kam es im Jahr 1903, als das Kinderschutzgesetz das Mindestarbeitsalter für Beschäftigungen im Handel auf zwölf Jahre und in Gewerbe und Industrie auf 14 Jahre festlegte. Ausgeklammert blieben aber nach wie vor die Land- und Forstwirtschaft, Walzwerke, Gruben und Hütten – empfindliche Strafen waren bei Zuwiderhandlungen ohnehin nicht zu befürchten. Ein grundsätzliches Verbot von Kinderarbeit wurde erst im Jahr 1945 gesetzlich verankert (Dörr 2004, S. 151).

Parallel entwickelte sich der generelle Arbeitsschutz: Am Anfang stand die Dampfmaschine – im Zuge der industriellen Revolution, die in Deutschland um 1800 mit der ersten Dampfmaschine eingeläutet wurde, vergrößerten sich die Risiken für schwere und schwerste Arbeitsunfälle. Konnten sich die Unternehmer zunächst darauf berufen, dass die Arbeitnehmer doch besser aufpassen müssten, übernahmen die sukzessive entstehenden Gewerkschaften die Vertretung der Arbeitnehmerinteressen: Sie forderten einen effektiven Schutz am Arbeitsplatz – und zwar gesetzlich verankert.

Preußen war auch hier wieder Vorreiter: Mit dem Einsetzen von Inspektoren wurde ab 1853 der Grundstein für die Gewerbeordnung, die ab 1969 die Befugnisse zur Kontrolle regelte und die Einrichtung einer Aufsichtsbehörde initiierte, und damit der Vorläufer für die Gewerbeordnung des Deutschen Reichs geschaffen. Vor allem mit einer Person, nämlich mit Reichskanzler Otto von Bismarck (1815–1898), ist das Thema intensiv verbunden: Unter seiner Verantwortung wurden sowohl die Sozialversicherungen als auch Unfallverhütungsvorschriften und ein erstes Beratungsangebot zur Suchtprävention initiiert.

Die Einführung der gesetzlichen Krankenversicherung im Jahr 1883 stellte nicht nur die Übernahme der Behandlungskosten sicher, sondern auch die Zahlung von Kranken- und Sterbegeld sowie einer Mutterschaftshilfe. Mit der gesetzlichen Unfallversicherung folgte im Jahr 1885 die Absicherung einer Unfallrente, aber eben auch die Einführung von Unfallverhütungsmaßnahmen. Die gesetzliche Rentenversicherung wiederum eröffnete 1889 den Anspruch auf ein Übergangsgeld während der ärztlichen Behandlung sowie darüber hinaus auf Invaliditätsrente und Altersrente, die ab dem 70. Lebensjahr ausgezahlt wurde. Auch wenn seit der Einführung eine ganze Reihe von Überarbeitungen, wie bereits im Jahr 1911 mit der Einführung der Reichsversicherungsordnung und in diesem Rahmen einer Hinterbliebenenrente, und Reformen durchgeführt wurden, beruht doch unser heutiges Sozialversicherungssystem nach wie vor auf diesen grundlegenden Strukturen (Born 1996, S. 255).

Der Erste Weltkrieg machte allerdings viele dieser Errungenschaften zunächst wieder zunichte: Im Jahr 1914 wurden die Arbeitszeitregelungen für Kinder, Jugendliche und Frauen ausgesetzt, Doppelschichten und Sonntagsarbeit waren wieder an der Tagesordnung. Gleichzeitig führte die gelockerte Gewerbeaufsicht zu Rückschritten im Gesundheits- und Unfallschutz, der Rohstoffmangel wiederum zu Verbesserungen, die aus der Not geboren waren: Nachtbackverbot und Ladenschlusszeiten gingen waren eindeutig auf den Mangel an Rohstoffen zurückzuführen. Mit Ende des Ersten Weltkrieges wurden Arbeits- und Unfallschutzmaßnahmen sofort wiedereingeführt und deutlich verschärft. Die Gründung der Deutschen Arbeitsfront (DAF) im Jahr 1933 war de facto eine Ablösung der Gewerkschaften. Gleichzeitig wurden einige Verbesserungen in der Arbeitswelt beschlossen, wie beispielsweise die bessere Beleuchtung und Belüftung der Arbeitsplätze, der Bau von Kantinen und Sportplätzen, aber auch die Einführung von Urlaub und Mutterschutz. Mit dem Beginn des Zweiten Weltkrieges wurden sämtliche Richtlinien verworfen, erst nach 1945 konnten neue Regelungen und Gesetze entwickelt werden (Esslinger 2010, S. 40).

Die Gründung der Bundesrepublik Deutschland im Jahr 1949 markierte einen wichtigen Meilenstein in Bezug auf die Entwicklung des BGM. Eine Vielzahl von Gesetzen, Richtlinien und Verordnungen, aber auch Normen und technischen Anleitungen reformierten den sozialen und technischen Arbeitsschutz. Das 1973 eingeführte und im Folgejahr verabschiedete Arbeitssicherheitsgesetzt (ASiG) sah bereits die Einbeziehung von Betriebsärzten und Spezialisten für Arbeitssicherheit in die Sicherheitsarbeit der Unternehmen vor – und bereitete einen Paradigmenwechsel vor: Im Mittelpunkt der Bemühungen stand zunächst die Gesundheitserziehung, die darauf fußte, dass jeder Mensch mit seinen Verhaltensmustern für eine ganze Reihe von Krankheitsbildern selbst verantwortlich sei. Mithilfe gezielter Aufklärung sollte dazu beigetragen werden, dass gesundheitsrelevante Entscheidungen bewusst getroffen und damit Risiken minimiert und Krankheiten eingedämmt werden (Esslinger 2010, S. 40).

Allerdings reichte diese Herangehensweise bereits Ende der 1970er Jahre nicht mehr aus, die autoritative Führung von Laien durch Experten konnte dem Anspruch ebenso wenig gerecht werden wie die Konzentration auf individuelle Verhaltensweisen bei der Suche nach Krankheitsursachen. Der Trend ging also weg von der Krankheitsverhinderung und hin zur Gesundheitsförderung, die auch die Lebensumstände und Lebensverhältnisse berücksichtigte. Als neues Ziel wurde ein Gesundheitsverständnis gesetzt, das ganzheitlich sowohl psychische, physische und soziale als auch ökologische Faktoren umfasst. Gleichzeitig rückten die Gesundheitspotenziale in den Fokus der Aufmerksamkeit – nicht nur im nationalen Maßstab, sondern auch weit darüber hinaus (Esslinger 2010, S. 41). Zum einen gehörte der Arbeitsschutz seit 1985 zu den europäischen Angelegenheiten, die beispielsweise 1989 in die Europäische Richtlinie 391 mündeten. Zum anderen entwickelte sich die Betriebliche Gesundheitsförderung (BGF) im europäischen und internationalen Maßstab, wozu nicht zuletzt die Empfehlungen renommierter Akteure beigetragen haben. Hier sind zum einen die WHO-Konferenzen zu nennen, die insbesondere mit der Ottawa-Charta aus dem Jahr 1986 und der dort festgehaltenen Ausdehnung der Gesundheitsförderung auf den Arbeitsbereich als wesentlicher Impuls für das BGM gilt. Zum anderen darf die Europäische Union nicht unerwähnt bleiben, die zwar nicht wesentlich zur inhaltlichen Entwicklung der Gesundheitsförderung, aber zur Ausfinanzierung der Programme, der Forschung und der Koordinierung beigetragen hat (Esslinger 2010, S. 41).

Als ein Meilenstein sei die Luxemburger Deklaration aus dem Jahr 1997 genannt, die mit einer einheitlichen Definition der BGF eine wesentliche Arbeitsgrundlage des Europäischen Netzwerkes für Betriebliche Gesundheitsförderung (ENWHP) schaffte: Als ganzheitlicher Ansatz sollten „alle gemeinsamen Aktivitäten betrieblicher und außerbetrieblicher Akteure zur Verbesserung der Gesundheit und des Wohlbefindens am Arbeitsplatz" (Esslinger 2010, S. 32) herangezogen werden. Dazu zählten nicht nur die Arbeitsorganisation, sondern vor allem auch die Mitarbeiterbeteiligung sowie eine Stärkung der persönlichen Kompetenzen. Die Bedeutung motivierter, gesunder und qualifizierter Arbeitnehmer für den Erfolg von Unternehmen wurde explizit hervorgehoben.

Parallel zu dieser europäischen Entwicklung verfolgten deutsche Unternehmen in den 1970er und 1980er Jahren gezielt die Bekämpfung der Alkoholsucht, wozu spezielle Programme zur Suchtprävention entwickelt wurden. Auch wenn dieses Thema im modernen BGM etwas in den Hintergrund gerückt zu sein scheint, gehört es selbstverständlich neben Arbeits- und Gesundheitsschutz sowie der Gesundheitsförderung zu den wesentlichen Bestandteilen eines Gesundheitsmanagements, das sich sukzessive in den 1990er Jahren als effektive Zusammenführung der genannten Entwicklungsstränge herauskristallisierte. Die Implementierung des BGM in die Managementstrategien war eine logische Schlussfolgerung – die allerdings immer noch in unterschiedlichem Maße umgesetzt wird (Haberer o. J., S. 6)

1.2   Aktuelle Definitionen und Ausrichtungen

▶ „Betriebliches Gesundheitsmanagement (BGM) ist die Gestaltung, Lenkung und Entwicklung betrieblicher Strukturen und Prozesse, um Arbeit, Organisation und Verhalten am Arbeitsplatz gesundheitsförderlich zu gestalten. Sie sollen den Beschäftigten und dem Unternehmen gleichermaßen zugutekommen. BGM betrachtet die Gesundheit der Beschäftigten als strategischen Faktor, der Einfluss auf die Leistungsfähigkeit, die Kultur und das Image der Organisation hat. BGM bezieht Gesundheit in das Leitbild, in die (Führungs-) Kultur, in die Strukturen und in die Prozesse der Organisation ein" (Badura et al. 1999; zitiert nach: Häfner o. J.).

Diese gängige Definition des BGM wird von einer ganzen Reihe weiterer flankiert, wie zum Beispiel:

▶ „Betriebliches Gesundheitsmanagement ist ein strukturierter und systematischer Prozess, der sich nach der strategischen Zielsetzung und Bestandsaufnahme an den Ergebnissen einer kennzahlenbasierten Erhebung des gesundheitlichen Status Quo orientiert und von den Ergebnissen der Analyse zielgerichtete Maßnahmen ableitet und umsetzt. Am Ende eines jeden BGM-Zyklus steht die Evaluation der Maßnahmen und des Effektes auf die im Vorfeld festgelegten Ziele" (Unternehmensberatung für Betriebliches Gesundheitsmanagement 2015).

Hinter diesen allgemeinen Definitionen verbirgt sich ein immer komplexer werdender Ansatz, mit dem sich die Unternehmen auseinandersetzen müssen: Die Implementierung eines BGM erfordert nicht nur die Organisation einzelner Aktionen wie beispielsweise Kurse zur Stressbewältigung oder einer Rückenschule, sondern es müssen grundlegend neue Strukturen im Unternehmen geschaffen werden – vom veränderten Leitbild des Unternehmens über eine Lenkungsgruppe oder einen Beauftragten für das BGM bis hin zur konkreten Ausgestaltung, Datenerfassung und -auswertung. Die drei Gebiete

1. Arbeits- und Gesundheitsschutz,
2. Vorsorge und Gesundheitsförderung sowie
3. Suchtprävention und -beratung

beeinflussen die Organisations- und Personalentwicklung. Die Einhaltung des gesetzlichen Rahmens und der zahlreichen Vorschriften, Richtlinien und

Regelungen überwachen die jeweiligen Fachstellen wie beispielsweise Sicherheitsfachkräfte, Betriebsärzte oder Sozial- und Suchtberatung, aber auch Frauenbeauftragte oder Schwerbehindertenvertretungen, deren Erkenntnisse wiederum in der Lenkungsgruppe oder beim Beauftragten für BGM zusammenlaufen.

Ein modernes BGM befasst sich also mit der Koordinierung der Institutionalisierung, der bedarfsgerechten Ausgestaltung und natürlich der Weiterentwicklung der drei grundlegenden Gebiete, aber eben auch mit der Gestaltung der Schnittstellen und der Zusammenarbeit zwischen den Fachstellen im Unternehmen. Darüber hinaus müssen die jeweiligen Interessenvertretungen in die Arbeit einbezogen werden. Die Entwicklung und der Einsatz von Maßnahmen und Instrumenten zur Umsetzung bauen darauf auf und liefern wiederum die Ergebnisse, die zur Überprüfung der Effizienz ausgewertet werden können.

Schon die Vielzahl der Ansatzpunkte macht deutlich, dass ein modernes BGM vielschichtig aufgebaut sein muss:

- Arbeits- und Gesundheitsschutz
- Betrieblicher Umweltschutz
- Organisationsentwicklung
- Qualitätsmanagement
- Sozialberatung
- Gesundheitsförderung
- Personalentwicklung
- Suchtprävention und -beratung

Die interdisziplinäre Kooperation erfordert zwar das Einbringen von Fachwissen oder Erfahrungen, aber eben auch das Aufgeben bisheriger Standpunkte sowie einer bislang bestehenden Exklusivität – und die Akzeptanz und Auseinandersetzung mit den Erkenntnissen aus den anderen Bereichen. Der Faktor „Gesundheit" wird dabei ebenso aufgewertet wie die Bedeutung der Fachdienste – die gesamte Unternehmenskultur wird verändert.

Dafür muss ein Unternehmen aber zunächst die Voraussetzungen schaffen, was eine Identifizierung mit dem Vorhaben unverzichtbar macht. Letztendlich werden personelle und finanzielle Ressourcen benötigt, die weit über die Einrichtung einer Lenkungsgruppe hinausgehen. Schon die Sensibilisierung der Führungskräfte für das große Thema BGM erfordert einige Anstrengungen und Aufwände, um die notwendigen Kompetenzen zu vermitteln. Die für den Erfolg entscheidende Kommunikation muss darüber hinaus so gestaltet werden, dass die Mitarbeiter von Anfang an in den Prozess einbezogen werden, aber auch laufend über Zielsetzungen, Verlauf und vor allem die Ergebnisse informiert werden.

Bei der Ausgestaltung eines BGM spielen jedoch die konkreten Rahmenbedingungen im jeweiligen Unternehmen die entscheidende Rolle, ein Standard-Modell kann also nicht einfach übernommen oder übergestülpt werden. Schon bei der Definition der Zielsetzung ist es daher wichtig, einen intensiven Dialog mit den Mitarbeitern zu führen, um nicht weit am Bedarf vorbei zu agieren. Unter dem Schlagwort „Verbesserung des Gesundheitsbewusstseins und -verhaltens" werden in einem produzierenden Unternehmen andere Mitarbeiterbedürfnisse auftauchen, als dies beispielsweise in einem IT-Unternehmen der Fall ist. Gemeinsam ist beiden Beispielen jedoch, dass mithilfe des BGM der Krankenstand gesenkt und die Unternehmenskultur auf Gesundheitsförderung ausgerichtet werden soll.

Unabhängig von der Ausrichtung und Größe des jeweiligen Unternehmens können demnach vier Phasen zur Einführung eines BGM festgehalten werden (Grethlein o. J.):

1. Information und Schaffung der benötigten Strukturen
2. Untersuchung der aktuellen Arbeitsbedingungen, beispielsweise mithilfe von Analysen zur Arbeitsunfähigkeit, die die Krankenkassen liefern können, aber auch durch Mitarbeiter- oder Expertenbefragungen oder im Rahmen von Workshops und Gesundheitszirkeln
3. Umsetzung von Maßnahmen und Einführung von Instrumenten
4. Bewertung der Ergebnisse

Die Ausgestaltung wiederum hängt entscheidend von Ausrichtung und Größe des Unternehmens ab: Konzerne können ohne Probleme eigene Strukturen, Strategien und Maßnahmen entwickeln, in kleinen oder mittelständischen Unternehmen gestaltet sich die Situation jedoch ganz anders. Auf der anderen Seite wird ein junges IT-Unternehmen andere Prioritäten setzen, als dies in einem hoch technisiert produzierenden mittelständischen Unternehmen oder einem Handwerksbetrieb mit familiären Strukturen der Fall ist. Hier empfehlen sich in erster Linie externe Kompetenzen, wie sie beispielsweise von spezialisierten Dienstleistern, aber eben auch den Krankenkassen angeboten werden – eigene Strukturen wären im Verhältnis zum Nutzen viel zu aufwendig. Ausschlaggebend ist jedoch der realistische Bedarf, der sich aus den konkreten Arbeitsplätzen mit ihren spezifischen Anforderungen ergibt (Perwiss 2015).

Der gemeinsame Nenner ist also die Kommunikation: Einerseits müssen gesundheitsrelevante Themen transportiert werden, um zur Aufklärung und zur Entwicklung eines Gesundheitsbewusstseins beizutragen. Andererseits müssen die Bedürfnisse der Arbeitnehmer schon in die Zieldefinition eines BGM, aber auch in die Entwicklung von Maßnahmen und Instrumenten einfließen – das funktioniert nur auf der Grundlage einer intensiven Kommunikation (Perwiss 2015).

Daher ist die Einbeziehung dieses Kernelementes in die Definition des BGM folgerichtig: Die Gestaltung, Lenkung und Entwicklung betrieblicher Strukturen und Prozesse zur Gesundheitsförderung muss von einem intensiven Kommunikationsprozess begleitet werden. Schon die Zielsetzung erfordert einen Informationsaustausch, insbesondere aber die Entwicklung von konkreten Maßnahmen, die zur Gesundheitsförderung ergriffen werden. Nur so können die Mitarbeiter für ein BGM motiviert werden, es aktiv mitgestalten und letztendlich auch einen Nutzen aus den Maßnahmen und Instrumenten ziehen (Perwiss 2015).

Zusammengefasst
Sämtliche BGM-Prozesse und -Strukturen fußen auf einer kontinuierlichen, klaren und alle Bereiche umfassenden Kommunikation, aus der sich sowohl der konkrete Bedarf an Maßnahmen und Instrumenten als auch die Überprüfung der Erfolge ableiten lässt. Ausschlaggebend für den Erfolg der Gesundheitsförderung sind die individuellen Befindlichkeiten und Ansprüche der Mitarbeiter, die schon in die Zieldefinition einfließen müssen. Mit einem vielfältigen Aufklärungs- und Aktionsangebot, das die unterschiedlichen Präferenzen, aber auch die Veränderungen in den Arbeitsplatzgestaltungen und -bedingungen berücksichtigt, steigen die Akzeptanz, die Beteiligung und letztendlich auch die Motivation.

1.3   BGM in Deutschland

1.3.1   Status quo

Die aktuelle Situation in Bezug auf die Einführung eines BGM reicht von Unternehmen, die daran noch keinen Gedanken verschwendet haben, bis hin zu Firmen, die ein authentisches Gesundheitsmanagement und das sich daraus ergebende Potenzial längst als entscheidenden Wettbewerbsvorteil erkannt haben. Bei der Umsetzung gehen Unternehmen sehr unterschiedlich vor:

BGM 0.0 – kein Thema
Auch heute gibt es noch eine ganze Anzahl an Unternehmen unterschiedlichster Größe und Ausrichtung, die ein Gesundheitsmanagement nicht als interessant für die eigene Unternehmenskultur erachten. Mit den grundlegenden Maßnahmen wie

beispielsweise einem Betriebsarzt oder den von den Krankenkassen veranstalteten Gesundheitstagen und Aktionen ist das Thema abgehandelt. Die Rechnung dafür dürfte angesichts des Fachkräftemangels und der wachsenden Ansprüchen der Arbeitnehmer nicht lange auf sich warten lassen (Redaktion Gesundheit/Bewegt B2B 15. September 2015).

BGM 1.0 – Kennziffernorientierung
Der erste Schritt zur Einführung eines BGM ist in der Regel die Analyse der aussagekräftigen Kennzahlen wie beispielsweise der Anzahl der Krankheitstage, deren Häufung in bestimmten Arbeitsbereichen sowie die Auswertung in Bezug auf Altersgruppen und Krankheitsbilder. Schon aus der Erhebung dieser Kennzahlen wird ersichtlich, dass Burn-out, Übergewicht und Rückenprobleme zu den häufigsten Ausfallursachen zählen und eine stattliche Anzahl an Krankentagen verursachen. Für die Geschäftsführung, die naturgemäß den Umgang mit betriebswirtschaftlichen Kennzahlen vorzieht, dürfte relativ schnell klar werden, dass ein gezieltes Investment in Information und Prävention eine anständige Rendite erwirtschaften kann. Dieser rein quantitative Ansatz wird von einem großen Teil der deutschen Unternehmen praktiziert, reicht aber bei Weitem noch nicht aus (Redaktion Gesundheit/Bewegt B2B 15. September 2015).

BGM 2.0 – konkrete Maßnahmen
Deutlich weiter sind dann schon die Unternehmen, die bereits BGM-Strukturen schaffen: Das kann ein Beauftragter oder eine Lenkungsgruppe sein, aber auch die Einberufung von Arbeitskreisen, die zum Austausch mit den Mitarbeitern genutzt werden, oder die Schaffung einer Informationsplattform, die verschiedene Gesundheitsthemen aus der Arbeitswelt behandelt. Die digitalen Möglichkeiten werden einerseits zur Kommunikation genutzt, um beispielsweise unterschiedliche Standorte oder die Vertriebsmitarbeiter und im Homeoffice Tätigen effektiv einzubeziehen, andererseits aber auch zur Aufklärung zu relevanten Themen wie Ernährung, Ergonomie, Stressbewältigung oder Schlaf und Bewegung. Das Thema Gesundheit wird also im gesamten Unternehmen präsent, was die Einführung eines BGM erleichtert. Genau an dieser Stelle scheitern viele Unternehmen in dieser Phase aus einem Grund: Die Kommunikation wird nicht kontinuierlich und einheitlich gepflegt. Entweder wird nur zeitlich begrenzt informiert und das Interesse flaut wieder ab, oder einzelne Unternehmensbereiche werden ausgeklammert – die Wirksamkeit der bereits ergriffenen Maßnahmen muss dadurch zwangsläufig leiden (Redaktion Gesundheit/Bewegt B2B 15. September 2015).

BGM 3.0 – Motivation inklusive

Nachdem die BGM-Strukturen inklusive der kontinuierlich und einheitlich betriebenen Informationsplattform etabliert sind, steht den Mitarbeitern dieser Unternehmen eine ganze Reihe von Maßnahmen zur Auswahl. Entscheidend ist jetzt die Frage, wie die Mitarbeiter zur Wahrnehmung des Gesundheitsangebotes zu motivieren sind. Hier setzen Unternehmen auf die Errungenschaften der Digitalisierung, die IT-Strukturen inklusive vielfältiger Motivationstools hervorgebracht haben. Diese wiederum sprechen in erster Linie die Generation Y an, die deutlich technologieaffiner ist als die älteren Mitarbeitergruppen. Ob sich die älteren Generationen mit Challenges oder Team-Wettbewerben zu sportlichen Aktivitäten anregen lassen, sei dahingestellt – die jüngeren Arbeitnehmer dürften sich hier eher angesprochen fühlen. Dieser Trend reicht bis hin zu Self-Tracking-Tools, die jeden einzelnen Schritt erfassen, analysieren und in die Netzwerke einspeisen. Auch hier gibt es große Unterschiede in Bezug auf Alters- und Tätigkeitsprofile: Für IT-affine junge Mitarbeiter dürfte es selbstverständlich sein, sich in den Social Media zu den unterschiedlichsten Themen auszutauschen, bei älteren Arbeitnehmern dürfte dies schwierig sein (Redaktion Gesundheit/Bewegt B2B 15. September 2015).

BGM 4.0 – wie geht es weiter?

Ein effektives BGM wird die unterschiedlichen Ansprüche bedarfsgerecht berücksichtigen müssen: Wenn sich bevorzugt jüngere Mitarbeiter mit der digitalen Gesundheitsförderung wohlfühlen, Wettbewerbe austragen und Freude daran haben, sich mit Kollegen auch in sportlicher Hinsicht zu messen, dürfte die weitaus größere Gruppe dem eher ablehnend gegenüberstehen. Schon die Hemmungen, mit dem eigenen Vorgesetzten oder Kollegen gemeinsam Sport zu treiben, sich vielleicht dabei zu blamieren, auf jeden Fall aber alles andere als vorteilhaft auszusehen, dürfte für Ablehnung sorgen. Auch an dieser Stelle spielt die Kommunikation die entscheidende Rolle: Welche Angebote könnten denn wirklich zu sportlichen Aktivitäten animieren? Erfahrungsgemäß reicht die Kostenübernahme für die Mitgliedschaft in einem Fitnessstudio in vielen Fällen aus, um Großes in Bewegung zu setzen. Ein effektives BGM trägt also nicht nur den unterschiedlichen Befindlichkeiten Rechnung, indem es die Mitarbeiter individuell abholt, sondern sollte auch in Bezug auf die Angebote ein breites Spektrum bedienen. Dreh- und Angelpunkt ist die Kommunikation, die die Grundlage für alle weiteren Schritte ist – und wenn es gefällt, dann auch in Form von Tools, die jede einzelne Aktivität auswerten (Grethlein o. J.).

1.3.2   Zahlen

Der Bedarf an Gesundheitsförderung ist aus Unternehmersicht klar zu beziffern. Die Bundesanstalt für Arbeitsschutz und Arbeitsmedizin erhob für das Jahr 2012 die in Abb. 1.1 dargestellten Daten.

Aus den Produktionsausfallkosten von 53 Mrd. EUR (in der Abbildung links) resultierte der Ausfall an Bruttowertschöpfung von 92 Mrd. EUR (in der Abbildung rechts).

Ebenso drastisch stellt sich die Entwicklung der Fehltage dar, insbesondere die aufgrund von psychischen Erkrankungen. Laut einer Erhebung der DAK im Zeitraum von 1997 bis 2012 ist die Anzahl der Ausfalltage wegen psychischer Erkrankungen um 165 % gestiegen (s. Abb. 1.2). Die starke Zunahme ab 2006 dürfte nicht zuletzt den gravierenden Veränderungen, die die Digitalisierung und Technisierung in der Arbeitswelt bewirkt, geschuldet sein (DAKForschung 2013, S. 35).

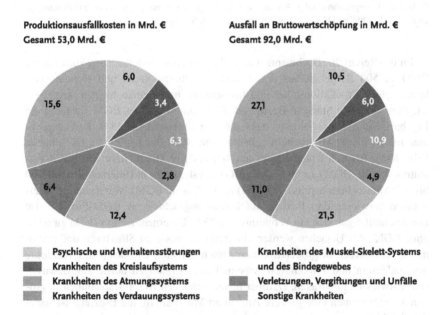

Produktionsausfallkosten in Mrd. €
Gesamt 53,0 Mrd. €

Ausfall an Bruttowertschöpfung in Mrd. €
Gesamt 92,0 Mrd. €

Psychische und Verhaltensstörungen
Krankheiten des Kreislaufsystems
Krankheiten des Atmungssystems
Krankheiten des Verdauungssystems

Krankheiten des Muskel-Skelett-Systems und des Bindegewebes
Verletzungen, Vergiftungen und Unfälle
Sonstige Krankheiten

Abb. 1.1 Produktionsausfall und Ausfall an Bruttowertschöpfung 2014. (Quelle: Nöllenheidt und Brennscheidt 2014, S. 46)

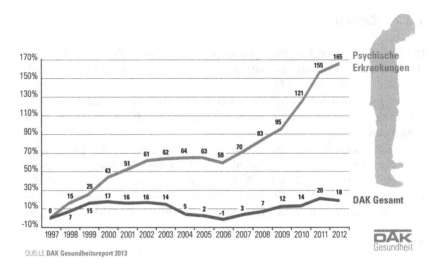

QUELLE DAK Gesundheitsreport 2013

Abb. 1.2 Überproportionaler Anstieg der Fehltage aufgrund psychischer Erkrankungen 1997–2012. (Quelle: DAK-Gesundheitsreport 2013, S. 35)

Im iga-Report 20 (Bechmann et al. 2011) wird eine Untersuchung zum Thema BGM in 500 Betrieben aus den Branchen Nahrungsmittel und Genuss, Verbrauchsgüter, Produktionsgüter und Investitions- und Gebrauchsgüter ausgewertet. Zum aktuellen Stand in Bezug auf die Einführung eines BGM variieren die Ergebnisse in Abhängigkeit von der Größe der Unternehmen: 35 % der Unternehmen mit 50 bis 99 Mitarbeitern geben an, ein BGM durchzuführen, 64 % haben kein BGM. Bei den Unternehmen mit 100 bis 199 Mitarbeitern wurde ein Verhältnis von 30 (BGM) zu 69 % (kein BGM) festgestellt, in Unternehmen mit 200 bis 499 Mitarbeitern bereits 47 (BGM) zu 49 % (kein BGM). Von letzteren Unternehmen verwiesen drei Prozent auf bereits abgeschlossene BGM-Projekte. Im Durchschnitt ergab sich ein Verhältnis von 36 % Unternehmen mit BGM zu 63 % ohne BGM. Als Ursachen werden einerseits die besseren Strukturen und personellen Ressourcen in größeren Unternehmen benannt, aber auch das verstärkte Vorhandensein und Wirken von Arbeitnehmervertretungen dürfte zur Bewusstseinsentwicklung beitragen. Darüber hinaus erreichen BGM-Maßnahmen in größeren Unternehmen eine größere Anzahl an Mitarbeitern, die Effizienz ist somit deutlich höher.

Auch die Unternehmensstruktur hat offensichtlich Einfluss auf die Durchführung von BGM-Maßnahmen: Eigenständige Unternehmen befassen sich zu 32 %

mit BGM, die Zentralen von Unternehmen bereits zu 37 % und die Niederlassungen von Unternehmen zu 48 %. Damit bestätigt sich die Erwartung, dass auf der Betriebsebene deutlich mehr in Bezug auf BGM erreicht werden kann, als dies auf Unternehmensebene der Fall ist. Häufig werden nämlich direkt in den Filialen oder Niederlassungen Maßnahmen ergriffen, die über die von den Unternehmenszentralen initiierten hinausgehen (Bechmann et al. 2011, S. 12).

Eine Analyse nach den beteiligten Branchen ergab, dass Nahrungsmittel- und Genuss mit 34 % am schlechtesten abgeschnitten hat. Sowohl Verbrauchsgüter mit 35 % als auch Investitions- und Gebrauchsgüter mit 37 % schneiden in Bezug auf BGM besser ab, werden aber alle getoppt von der Branche Produktionsgüter mit 39 % (Bechmann et al. 2011, S. 12).

In Bezug auf die Ausgestaltung des BGM konnten folgende Ergebnisse ermittelt werden:

- Rund drei Viertel der Betriebe, die BGM durchführen, haben das Gesundheitsmanagement in den Arbeitsschutz integriert, nur ein Fünftel führt das BGM als eigenständige Maßnahme. Hier spielen natürlich die konkreten Strukturen und die Zielsetzung einerseits eine wichtige Rolle, aber auch die verantwortliche Person. Der Einstieg in ein Gesundheitsmanagement über den Arbeitsschutz scheint plausibler zu sein (Bechmann et al. 2011, S. 12).
- 37 % der Unternehmen mit BGM haben einen kontinuierlich funktionierenden Steuerkreis eingerichtet, fast zwei Drittel hingegen nicht. Der Steuerkreis oder die Steuergruppe ist jedoch ausschlaggebend dafür, dass alle Entscheidungsebenen am Prozess beteiligt werden – von der Planung über die Durchführung der Maßnahmen bis hin zur Erfolgsmessung. Eine Erklärung wäre die Integration des BGM in den Arbeitsschutz, sodass auch im Arbeitsschutzausschuss alle BGM-relevanten Themen bearbeitet werden könnten (Bechmann et al. 2011, S. 12).
- Der Grad der Mitarbeiterbeteiligung, die als einer der Erfolgsfaktoren für ein BGM angesehen wird, steigt mit der Unternehmensgröße: Rund 63 % der Unternehmen mit BGM gaben an, dass sie verschiedene Instrumente zur Mitarbeiterbeteiligung nutzen. In Frage kommen hier Infoveranstaltungen, Befragungen zu oder die Bewertung von Maßnahmen sowie ein Vorschlagswesen. Bei den Unternehmen mit mehr als 200 Mitarbeitern beträgt der Anteil bereits 76 %. Im Durchschnitt nutzen demnach 34 % der Unternehmen mit BGM die Möglichkeit der Mitarbeiterbeteiligung nicht (Bechmann et al. 2011, S. 12).
- Eine differenzierte Auswertung des BGM-Anteils unter Berücksichtigung des Vorhandenseins eines Betriebsrates ergab einen eindeutigen Zusammenhang: Die Unternehmen mit 50 bis 99 Mitarbeitern führen zu 41 % BGM durch,

wenn ein Betriebsrat vorhanden ist – ohne die Arbeitnehmervertretung nur zu 32 %. Bei den Unternehmen mit 100 bis 199 Mitarbeitern stehen sich 32 und 27 % gegenüber, bei den Unternehmen mit 200 bis 499 Mitarbeitern 54 zu 33 %.

• Auf die Frage, von wem die Anregung zur Einführung eines BGM kam, wurden folgende Antworten gegeben: Management (73 %), Personalabteilung (56 %), Sicherheitsfachkraft (46 %), Betriebsarzt (35 %), Betriebsrat (35 %), Krankenkassen (30 %), Berufsgenossenschaften (25 %) und Mitarbeiter (19 %). Vertiefende Auswertungen ergaben, dass mit steigender Betriebsgröße auch der Anteil der Personalabteilungen als Initiator für ein BGM wächst, ebenso verhält es sich mit dem Einfluss der Betriebsärzte und Krankenkassen. Bei der Rolle der Berufsgenossenschaften verkehrt sich das Bild: Je kleiner die Betriebe sind, desto größer die Bedeutung der Berufsgenossenschaften in Bezug auf die Einführung eines BGM (2011, S. 14).

• Als Gründe für die Einführung eines BGM wurden soziale Verantwortung (88 %), die Unterstützung durch Krankenkassen (46 %), hohe Fehlzeiten (44 %), Sonstiges (25 %) und schlechtes Betriebsklima (neun Prozent) ermittelt. Abhängig von der Größe der Unternehmen variieren die Anteile, so fallen bei den größeren Unternehmen die Krankenkassen mit 58 % aus dem Rahmen, bei den Unternehmen mit 50 bis 99 Mitarbeitern das schlechte Betriebsklima mit 12 % (Bechmann et al. 2011, S. 15).

• Die Ziele, die mit der Einführung eines BGM erreicht werden sollen, waren relativ einheitlich: Bessere Gesundheit dominiert mit 96 % und wird gefolgt von höherer Leistungsfähigkeit und einer Steigerung der Arbeitsmotivation mit jeweils 95 %, bessere Arbeitsbedingungen mit 93 % und besseres Image mit 67 % (Bechmann et al. 2011, S. 16).

• Auf die Frage nach den wichtigsten Maßnahmen im Rahmen eines BGM ergab sich ein ebenso einheitliches Bild: Rund 93 % gaben Maßnahmen zur Verbesserung des Arbeitsplatzes an, 88 % die Verbesserung der Arbeitsabläufe, 83 % eine regelmäßige Analyse der betrieblichen Situation, 58 % Mitarbeiterschulungen in gesundheitsgerechtem Verhalten, 47 % Gesundheitszirkel und Gesprächskreise zum Belastungsabbau, 40 % Führungskräfteschulungen zum gesundheitsgerechten Führungsstil und 17 % andere Maßnahmen (Bechmann et al. 2011, S. 16).

• Die Ergebnisse zu den wichtigsten Maßnahmen differieren nur unwesentlich bei der Unterscheidung nach Unternehmen mit oder ohne Mitarbeiterbeteiligung. Größere Unterschiede sind nur bei den Punkten „Gesundheitszirkel" und Führungskräfteschulung, die ohne Mitarbeiterbeteiligung nur zu jeweils 22 % befürwortet werden, festzustellen (Bechmann 2011, S. 17).

- Zu den Hürden bei der Einführung eines BGM befragt, gaben die Unternehmen mit BGM folgende Hindernisse an: Die Schwierigkeit, im Tagesgeschäft ausreichend Zeit für das Thema zu finden, wurde von 61 % hervorgehoben. Fehlende zeitliche und personelle Ressourcen gaben 56 % an – hier wird ein eklatanter Aufklärungsbedarf offensichtlich, um die Mehraufwände dem enormen Potenzial gegenüberzustellen. Fehlendes Wissen in Bezug auf die Umsetzung spielt zu 38 % eine Rolle, dicht gefolgt vom fehlendem persönlichem Engagement bei der Einführung und Begleitung, das mit 37 % zu Buche schlägt – und von der fehlenden Motivation der Mitarbeiter mit 33 % begleitet wird. 34 % der Unternehmen gehen davon aus, dass die Umsetzung zu kostspielig wäre, und 33 % kennen die Möglichkeiten der externen Unterstützung nicht. Mit 29 % schlägt sich das fehlende Wissen um Anbieter nieder, für 23 % ist der Bedarf eines BGM gänzlich unbekannt und elf Prozent erhalten keine Unterstützung durch den Betriebsrat. Aus dieser Erhebung ergeben sich vielfältige Ansatzpunkte für Krankenkassen und Berufsgenossenschaften, offensichtlich muss noch einiges zur Aufklärung über die Möglichkeiten unternommen werden (Bechmann et al. 2011, S. 18).
- Eine vertiefende Betrachtung macht dann auch klar, dass insbesondere kleine und mittlere Betriebe Defizite in Bezug auf das Know-how bei der Umsetzung des BGM, nämlich zu 47 %, aber auch in Bezug auf die Anbieter entsprechender Maßnahmen (zu 44 %) und zu den externen Angeboten zur Unterstützung (zu 38 %) haben. Bei größeren Unternehmen hat das Tagesgeschäft zu 70 % Vorrang, darüber hinaus befürchten 48 %, dass die Maßnahmen zu teuer werden (Bechmann et al. 2011, S. 19).
- Die befragten Unternehmen mit BGM wünschten sich folgende Hilfestellungen: In erster Linie bezogen sich die Hilfen auf die Wissensdefizite, beispielsweise sahen 59 % der Unternehmen positive Beispiele aus der eigenen Branche oder auch der Region als nützlich an. 56 % interessieren sich für die steuerlichen Vorteile, die für jeden Mitarbeiter, der am BGM teilnimmt, in Anspruch genommen werden können, 48 % für den betriebswirtschaftlichen Effekt, den das Unternehmen generieren kann. Darüber hinaus spielen aber auch ganz pragmatische Maßnahmen eine große Rolle, beispielsweise wünschen sich 46 % eine persönliche Unterstützung durch Berufsgenossenschaft bzw. 44 % durch Krankenkassen und 38 % praktische Tipps, die sie im Internet abrufen können (Bechmann et al. 2011, S. 19).
- Nach der Unternehmensgröße unterschieden, legen kleinere Betriebe mehr Wert auf die persönliche Unterstützung, eine zentrale Anlaufstelle oder Hotline bzw. Tipps im Internet, größere Unternehmen hingegen können sich die Arbeit mit positiven Beispielen besser vorstellen (Bechmann et al. 2011, S. 20).

- Die Unternehmen, die kein BGM eingeführt haben, wurden ebenfalls zu ihren Gründen befragt. Mit 88 % dominiert das Tagesgeschäft, das keinen Raum für zusätzliche Aktivitäten lässt, deutlich das Geschehen – im Vergleich nahm dieses Argument bei Unternehmen mit BGM nur 61 % ein. Die fehlenden personellen und zeitlichen Ressourcen werden zu 76 % angeführt, und zu 73 % waren ganz einfach andere Themen wichtiger. Mit 52 bzw. jeweils 51 % wurden die fehlende Motivation der Mitarbeiter, das fehlende persönliche Engagement, aber auch „war noch kein Thema" angegeben. Zu hohe Kosten befürchten 48 %, weswegen die 32 %, die Widerstände bei den Führungskräften anführen, kein Wunder sind. 28 % bezweifeln den Nutzen eines BGM generell, was nicht zuletzt auf die Wissensdefizite zurückzuführen ist: 27 % kennen die Anbieter nicht, und 22 % verfügen über zu wenig Wissen zum Thema BGM (Bechmann et al. 2011, S. 22).

- Auch in dieser Befragung ergaben sich gravierende Unterschiede in Abhängigkeit von der Unternehmensgröße: Während vor allem kleinere Unternehmen Wissensdefizite erkennen ließen, war dieser Anteil bei den größeren Firmen deutlich geringer. Ebenso verhält es sich bei der Frage, ob BGM bereits ein Thema gewesen sei: In größeren Unternehmen wurde offensichtlich mehr darüber gesprochen, auch das fehlende persönliche Engagement wurde weniger als Hinderungsgrund für die Einführung eines BGM genannt (Bechmann et al. 2011, S. 23).

- Die erwünschten Hilfestellungen bei der Einführung eines BGM wurden auch bei den Unternehmen ohne BGM abgefragt: Mit guten Beispielen aus der eigenen Branche oder der Region könnten sich 55 % eine Erleichterung vorstellen, 52 % interessieren sich für die steuerlichen Vorteile. An einer persönlichen Unterstützung durch die Krankenkassen sind 48 % interessiert, am Nutzen, den ein Unternehmen aus einem BGM ziehen kann, 42 %. 34 % wünschen sich eine zentrale Anlaufstelle oder Hotline und 33 % die Zusammenarbeit in einem Netzwerk. Mit 29 % fällt der Bedarf an persönlicher Unterstützung durch Berufsgenossenschaften relativ gering aus, ebenso nach Hilfen oder Tipps aus dem Internet, die nur von 22 % der befragten Unternehmen genannt wurden (Bechmann et al. 2011, S. 23).

- Wird die Unternehmensgröße ins Spiel gebracht, sind es vor allem die Firmen mit weniger als 200 Mitarbeitern, die sich von steuerlichen Vorteilen und einer persönlichen Betreuung durch die Krankenkassen motivieren ließen. Die größeren Unternehmen hingegen interessieren sich stärker für den betriebswirtschaftlichen Nutzen, den sie aus der Einführung eines BGM ziehen könnten (Bechmann et al. 2011, S. 24).

- Von den befragten Unternehmen hatten sich 64 % bislang gegen ein BGM entschieden. Auf die Frage, ob sie im nächsten Jahr die Einführung in Angriff nehmen würden, antworteten nur neun Prozent mit „Ja", 84 % verneinten. Vom BGM Kenntnis genommen hatten 61 % der Unternehmen (Bechmann et al. 2011, S. 26).

- Aus einer weiteren Fragestellung ergaben sich gravierende Unterschiede in Bezug auf die Relevanz eines BGM: Die Unternehmen, die bereits ein BGM eingeführt haben, sahen diese Maßnahme auch in Krisenzeiten zu 70 % als „gleichbleibend wichtig" und zu 13 % als „wichtiger denn je" an, die Betriebe ohne BGM stimmten dem nur zu 40 % zu, 50 % schätzten BGM in Krisenzeiten als „weniger wichtig" ein. Daraus lässt sich schließen, dass mit der Einführung auch die Akzeptanz steigt, wenn die Effekte erlebt werden können (Bechmann et al. 2011, S. 26).

- Die Trendstudie Betriebliches Gesundheitsmanagement, die von der spring Messe Management 2013 in Zusammenarbeit mit Prof. Dr. Jochen Prümper von der Hochschule für Technik und Wirtschaft Berlin sowie Prof. Dr. Jens Nachtwei von der Humboldt-Universität zu Berlin, Hochschule für angewandtes Management und IQP, durchgeführt hat, brachte folgende Ergebnisse: Nur 43,5 % der 556 Teilnehmer befassen sich überhaupt mit dem Thema BGM und führen entsprechende Maßnahmen durch. Auch hier ergaben sich Abstufungen in Abhängigkeit von der Unternehmensgröße, KMU waren sich der Relevanz eines Gesundheitsmanagements weniger bewusst als große Unternehmen (Prümper und Nachtwei 2013).

Allerdings gab es auch Unterschiede in Bezug auf die Motivation zur Einführung eines BGM: Für KMU stand die Zufriedenheit der eigenen Mitarbeiter mit 65,3 % deutlich im Vordergrund, größere Unternehmen sahen hier nur mit 49,1 % einen Grund. Die Relevanz des demografischen Wandels schätzten wiederum 40,9 % der großen Unternehmen größer ein, als dies bei den KMU mit 20,4 % der Fall war. Auf den Stellenwert des BGM angesprochen, wobei eine Skala von 1 für keinen und 7 für einen sehr hohen Stellenwert zur Auswahl stand, wurde im Rahmen der Studie ein Durchschnittswert von 3,8 erzielt. Nach Einschätzung der Teilnehmer sollte dieser Wert innerhalb der nächsten fünf Jahre auf 5,2 und der nächsten zehn Jahre auf 5,7 ansteigen. Weitere Fragen bezogen sich auf Themen wie die altersgerechte Gestaltung der Arbeitsplätze. Hier wird zwar ein großer Zuwachs verzeichnet, allerdings führten erst 16,5 % der Unternehmen überhaupt Maßnahmen in diesem Bereich durch. Ein weiterer Schwerpunkt ergab sich in Bezug auf psychische Erkrankungen.

Die Beweggründe für die zunehmende Fokussierung auf das Thema Gesundheit werden von den befragten Experten zum einen im demografischen Wandel (45,3 %) sowie im daraus resultierenden Fachkräftemangel (30,2%), zum anderen in der möglichen Verbesserung der Unternehmensreputation (37,7) % gesehen. Die Förderung des Wohlbefindens der Belegschaft landete abgeschlagen bei 15,1 %, das effektive Gegenwirken bei stärkeren Arbeitsbelastungen bei 28,3 % (Wissen + Karriere 2014).

Die Skepsis der Arbeitnehmer gegenüber der Einführung eines BGM wurde ebenfalls thematisiert, woraus ein erhöhter Bedarf an Information und Kommunikation abgeleitet wird. Genau an dieser Stelle sehen sich die BGM-Beauftragten mit großen Herausforderungen in der alltäglichen Praxis konfrontiert (Wissen + Karriere 2014).

Eine Studie, die im Jahr 2015 von der Fachzeitschrift Personalwirtschaft mit dem Fürstenberg Institut, der Techniker Krankenkasse und der ias Gruppe unter 401 Personalmanagern in mittelständischen Unternehmen durchgeführt wurde, ergab, dass 14,7 % der Befragten denken, dass die Einführung eines BGM bevorzugt von Konzernen realisierbar sei. Mit 15,7 % war der Anteil derjenigen, die die

Abb. 1.3 Gründe für die Einführung von gesundheitsfördernden Maßnahmen. (Quelle: Wallenfels 2. Januar 2016)

Bedeutung des BGM eher gering ansehen, allerdings relativ klein. Ein gravierender Schwachpunkt ergab sich aus den fehlenden Zielsetzungen für ein BGM: Nur 42,9 % der befragten Unternehmen konnten klare Zielsetzungen in Bezug auf ein Gesundheitsmanagement definieren. Die Abb. 1.3 zeigt, welche Gründe mit welcher Resonanz für die Einführung angegeben wurden. Offensichtlich kommt das BGM sukzessive im Mittelstand an, allerdings sind die Hindernisse nach wie vor vorhanden (Wallenfels 2. Januar 2016).

1.4 Aktuelle Herausforderungen und Hindernisse

Aus den vorliegenden Zahlen und Statistiken lassen sich die nach wie vor vorhandenen Hindernisse bei der Einführung eines Gesundheitsmanagements klar ablesen: Einerseits bestehen insbesondere in kleinen und mittelständischen Unternehmen enorme Wissensdefizite in Bezug auf die Effekte, die steuerlichen Vorteile und vor allem die vielfältigen Unterstützungen, die sie bei der Entwicklung und Umsetzung von BGM-Maßnahmen in Anspruch nehmen können. Andererseits ist das Problembewusstsein in vielen Fällen noch gar nicht ausgeprägt: Weder der demografische Wandel noch die vielfältigen Konsequenzen der Megatrends wurden umfänglich erfasst – im Gegenteil, es sind durchaus fatale Fehlentwicklungen zu beobachten.

1.4.1 Alterstypische Unterschiede

Demografischer Wandel bedeutet nicht nur, dass der Anteil älterer und alter Menschen an der Gesamtbevölkerung immer größer wird und demzufolge der junge, qualifizierte Nachwuchs knapper. Natürlich wird der daraus resultierende Fachkräftemangel sich in den nächsten Jahrzehnten auf den Arbeitsmarkt auswirken: Unternehmen müssen sich interessant machen, um attraktiv für die heftig umworbenen Arbeitskräfte zu sein – ein BGM zählt hierbei zu den ausschlaggebenden Kriterien. Die alternde Generation bleibt im Vergleich zu unseren Vorfahren auch länger gesund und leistungsfähig, das Renteneintrittsalter wird immer weiter nach hinten verschoben.

Damit entwickeln sich für Unternehmen ganz neue Herausforderungen: Die Digitalisierung wird von den Altersgruppen in unterschiedlichem Ausmaß angenommen. Durch die verstärkte Nutzung elektronischer Kommunikations- und Unterhaltungsgeräte wird von einer „Digitalen Demenz" gesprochen; damit ist eine ganze Bandbreite neuer Krankheiten gemeint, die sich beispielsweise in einer Abkopplung vom realen Leben, aber auch Online- oder Spielesucht äußern kann. Die soziale Kompetenz und emotionale Intelligenz gehen ebenso verloren wie die Fähigkeit zur klaren und sauberen Kommunikation. Unter diesen Voraussetzungen die hohen Anforderungen, die an diese künftigen Arbeitskräfte gestellt werden, zu erfüllen, dürfte zahlreiche neue Problemstellungen hervorbringen.

Mit der Generation Y steht wiederum eine sehr gut gebildete und vor allem technikaffine Personengruppe am Beginn des Berufslebens, das sie mit großem Selbstbewusstsein angeht: Althergebrachtes wird infrage gestellt, die Balance zwischen Job und Privatleben erhält einen deutlich höheren Stellenwert. So steht die Karriere lange nicht mehr in dem Maße im Vordergrund, wie das noch bei den vorherigen Generationen der Fall war, die Familie wird wieder deutlich wichtiger, aber auch die Erfüllung in einer sinnvollen Tätigkeit. Diese Suche nach den Lebenszielen wird also flankiert von einer angestrebten Work-Life-Balance – und zwingt die Unternehmen nun schon seit rund 15 Jahren zum Umdenken.

Eine weitere Gruppe ist zu benennen, nämlich die Silver Surfer: Ab 50 Jahre aufwärts nehmen die Menschen die Errungenschaften der Digitalisierung zwar durchaus in einem zunehmenden Maße an, allerdings deutlich vorsichtiger, als dies bei jüngeren Personen der Fall ist: Sicherheit in Bezug auf die Daten spielt eine entscheidende Rolle. Diese Mitarbeiter werden deutlich weniger für die digitale Gesundheitsförderung zu begeistern sein, die Anforderungen an die Kommunikation zur Motivation sind hier deutlich höher.

1.4.2 Gleichberechtigung der Frau als Quotendiktat

Ein weiterer Trend ist die Gleichberechtigung in Beruf und Gesellschaft – zumindest theoretisch. Die Realität weicht jedoch oft noch von den Plänen ab: Nach wie vor sind Frauen oft darauf angewiesen, während der Erziehungszeiten in Teilzeit-Jobs auszuweichen – es fehlt häufig ganz einfach ein Betreuungsangebot für die Kinder. Damit erleiden sie nicht nur Einkommenseinbußen, die sich auch in Bezug auf die Rentenansprüche auswirken, sie haben naturgemäß deutlich schlechtere Aufstiegschancen als ihre männlichen Kollegen. Diesem Missstand kann auch eine Zwangsquote, wie beispielsweise bei der Besetzung von Führungsgremien, nichts entgegensetzen: Einerseits wird der Frust bei den männlichen Mitbewerbern geschürt, andererseits müssen sich diese weiblichen Führungskräfte fachlich deutlich stärker beweisen und bewusst gegen ein Familienleben entscheiden.

Darüber hinaus wird ein Umstand in unserer Gesellschaft oftmals ausgeblendet: Berufstätige Frauen, insbesondere Mütter, kämpfen immer mit einer

Doppel- oder Dreifachbelastung. Kommt dann noch die Pflege älterer Familienangehöriger dazu, wird der Druck nochmals verstärkt. Diesem Umstand wird nur in den wenigsten Fällen Rechnung getragen, da sich die etablierten Geschlechterrollen nur nach und nach verändern – und wiederum Männern Angst machen können. Hier entsteht ein Konfliktpotenzial, das zur psychischen Belastung werden kann.

1.4.3   Wenn ein Job nicht für eine Karriere ausreicht

Ein weiterer Trend liegt in der zunehmenden Individualisierung: Berufliche Karrieren verlaufen bei Weitem nicht mehr so linear, wie das noch vor einigen Jahrzehnten der Fall war. Die Verfolgung der eigenen Lebensziele bewirkt oft genug einen Richtungswechsel, wenn die Tätigkeit den wachsenden Ansprüchen nicht mehr genügt. Jobs werden deutlich schneller gewechselt, aber auch mehrere nebeneinander ausgeübt, um den eigenen Vorstellungen von Sinnerfüllung näher kommen zu können (Zukunftsinstitut 2016).

1.4.4   Mobilität wird groß geschrieben

Unser Globus wird immer kleiner – sowohl in Bezug auf die Kommunikation als auch auf die Entfernungen, die Menschen heutzutage ohne Probleme in kürzester Zeit zurücklegen können. Unternehmen dehnen sich weit über die Landesgrenzen aus und verlangen von ihren Mitarbeitern nicht nur Mobilität, sondern auch Anpassungsfähigkeit an andere kulturelle, gesellschaftliche und arbeitstechnische Gegebenheiten. Das setzt eine hohe Flexibilität voraus, begünstigt aber auch den Verlust der eigenen Wurzeln und Werte (Zukunftsinstitut 2016).

1.4.5   Gesundheit als wichtiges Gut

Die Rückbesinnung auf das Natürliche ist ein weiterer Megatrend, der individuell ausgeprägt ist. Ob es sich dabei um sportliche Aktivitäten, die Konzentration auf gesunde und in der Region wachsende Lebensmittel oder die Fokussierung auf Naturfasern handelt – das Bewusstsein für den eigenen Körper und die Auswirkungen der Umwelt auf die persönliche Gesundheit wächst permanent (Zukunftsinstitut 2016).

1.4.6 Neo-ökologische Ansätze fordern Unternehmen

Die einfache Zusicherung umweltbewussten Handelns reicht bei Weitem nicht mehr aus, um die Ansprüche von Verbrauchern, aber auch Mitarbeitern zu befriedigen: Das Bekennen zur Nachhaltigkeit wird hinterfragt. Transparente Unternehmensorganisationen, die nicht nur die Herkunft von Materialien ausführlich belegen können, sondern auch die geprüfte und zertifizierte Umweltverträglichkeit der Produktionsprozesse, sind heute ein unverzichtbares Element der Unternehmensphilosophie (Zukunftsinstitut 2016).

1.4.7 Globalisierung mit ihren widersprüchlichen Folgen

Das Fallen von Grenzen, ganz real, aber eben auch in den digitalen Weiten des Internets, lässt die Welt eins werden – jedenfalls auf den ersten Blick. Unternehmen dehnen sich über alle Erdteile aus und nehmen die gesellschaftlichen und kulturellen Unterschiede in Kauf. Mit einer einheitlichen Unternehmensphilosophie werden diese aber nur übertüncht, denn außerhalb der Unternehmen gelten oft gänzlich andere Regeln. Von den Mitarbeitern wird nicht nur Sprachkompetenz erwartet, sondern auch die Fähigkeit, sich in unterschiedlichen Kulturen sicher zu bewegen. Gleichzeitig steigt der Wettbewerbsdruck, denn ein Mitarbeiter wird so vergleichbar mit vielen, was den Wert der eigenen Leistung herauf- oder herabsetzen kann (ZWW Bielefeld o. J.).

Aktuell beherrschen die Flüchtlingsströme das Geschehen in Deutschland und in Europa – diese konnten nur im Zuge der Globalisierung möglich werden. Einerseits haben die digitalen Medien den auslösenden Informationsfluss überhaupt erst erlaubt, andererseits wurden die Ursachen in Konflikten gelegt, die auf anderen Kontinenten von zahlreichen internationalen Akteuren befeuert wurden. Es spielen also globale Interessen die Hauptrolle in diesem Drama, das die deutsche Gesellschaft, aber auch die Europäische Union vor eine enorme Belastungsprobe stellt: Die Globalisierung lässt an dieser Stelle die Grenzen nicht verschwinden, sondern schafft neue – ganz real als Stacheldrahtzaun, aber vor allem in den Köpfen.

Es sind vielleicht nicht einmal die Flüchtlinge selbst, die die größten Ängste in der Bevölkerung verursachen, sondern der Eindruck der Konzeptlosigkeit, den die Regierung hinterlässt. Wer soll aber Werte, die Arbeitsplätze oder den Anspruch auf Wohnraum schützen, wenn nicht die Verantwortlichen, die bereits seit Jahren von dieser Entwicklung wussten? Da brechen Grabenkämpfe zwischen den unterschiedlichen Religionen und Kulturen auf, werden Vorurteile durch Halb- oder fehlendes Wissen verstärkt und die Angst vor dem Fremden geschürt – nicht zuletzt in den sozialen Netzwerken, die vermeintliche Schreckensmeldungen ungeprüft verbreiten und so für ein weiteres Aufheizen der Situation sorgen. Gleichzeitig versagen Medien über weite Strecken, klare und nachvollziehbare Kommunikation fehlt dabei oftmals.

Fatal ist das Zusammentreffen verschiedener Krisen, die zu einem großen Teil nicht mehr durchschaut werden und so für diffuse Ängste sorgen: Hat der Euro als Gemeinschaftswährung nun eine Zukunft oder nicht? Kann die Europäische Union diese Herausforderungen überhaupt meistern, wenn sich einige Mitgliedsländer total verweigern? Ist Deutschland am Ende wirklich der sogenannte Zahlmeister Europas? Auch hier fehlt die Orientierung, die die Regierungsverantwortlichen inklusive der Leitmedien geben müssten, stattdessen nimmt der Wähler eher wahr, dass es um parteipolitische Grabenkämpfe geht. Die Aufklärung zur Gemeinschaftswährung, die nur funktionieren kann, wenn sich alle Mitgliedsstaaten an die Regeln halten, fehlt komplett. Dann müsste auch darüber gesprochen werden, dass die deutschen Exportüberschüsse unter dem Strich als Defizite der anderen Mitgliedsländer zu Buche schlagen, per Schulden finanziert werden müssen und somit auch die Arbeitslosigkeit in diese Länder exportieren. Oder dass das deutsche Lohndumping, das mit der Agenda 2010 eingeführt wurde, zu Wettbewerbsvorteilen gegenüber den anderen Mitgliedsländern führt und gleichzeitig die deutsche Binnennachfrage so schwächt, dass Deutschland wiederum überdurchschnittlich auf Exporte angewiesen ist (SOFI 2012, S. 133).

Gleichzeitig müssen die deutschen Sparer erfahren, dass ihre Altersversorgung keineswegs sicher ist: Niedrigste Zinsen auf Kapitalanlagen und Negativzinsen auf Bankeinlagen sind nur zwei der Auswirkungen, die aktuell verkraftet werden müssen. Schon die Diskussion um die Begrenzung und in der Konsequenz die Abschaffung von Bargeld, das doch das einzige gesetzliche Zahlungsmittel darstellt, schürt weitere Ängste. Allerdings eröffnen sich mit der Digitalisierung nicht nur alternative Informationsquellen, sondern auch Anlageformen, die ganz flexibel genutzt und gewechselt werden können. Der Zugang zum Internet könnte sich also als entscheidender Faktor bei der Orientierung erweisen – mit all den Risiken, die die Vielfalt der Informationen und Quellen mit sich bringt (Straubhaar 14. April 2016).

1.4.8   Digitalisierung

Die technologischen Entwicklungen bringen eine vollkommen neue Arbeitswelt hervor: Arbeitsplätze werden vernetzt, Ergebnisse können über größte Entfernungen hinweg zuverlässig zusammengeführt werden, Prozesse werden zunehmend automatisiert. Die Digitalisierung wird viele Erleichterungen in den Arbeitsabläufen mit sich bringen – zumindest in körperlicher Hinsicht. Auf der anderen Seite nimmt die Fülle an Informationen nämlich zu, die psychische Belastung bei der Verarbeitung steigt im Gegenzug. Gleichzeitig wird die Orientierung immer schwieriger: Welche Informationen müssen nun in welchem Maße kommuniziert werden, um allen Belangen gerecht zu werden? E-Mails werden bei jeder Kleinigkeit verschickt, um den Informationsfluss aufrechtzuerhalten. So entsteht eine Überbelastung, die wiederum die Kommunikation beeinträchtigt: Abkürzungen ergeben eine ganze eigene, aber sehr verkürzte Sprache, die viel Spielraum für Interpretationen lässt und unhöflich wird. Sich der Digitalisierung zu entziehen, ist allerdings keine Option: Man wäre ausgeschlossen, hätte keinen Zugang mehr zu bestimmten Teilen der Welt und würde von der Kommunikation abgeschnitten.

Die Digitalisierung führt dazu, dass Meldungen nicht verifiziert werden, aber rasend schnelle Verbreitung finden. Aussagen von Unternehmen werden als weniger vertrauenswürdig empfunden, als die von wildfremden Personen. Allein die Anzahl der unterschiedlichsten Quellen sorgt dafür, dass die Orientierung immer schwieriger wird: Welche Information beruht auf Fakten, welche auf Spekulationen oder im schlimmsten Fall auf böswilligen Absichten? Mobbing ist im Zuge der Digitalisierung so einfach wie noch nie geworden: Eine Meldung, verfängliche Fotos oder Videos in den sozialen Netzwerken lancieren und diese reißerisch verpacken – die Verbreitung kann kaum gestoppt werden.

1.4.9 Neue Arbeit – Wissen als Macht

Der Schritt zur Wissensgesellschaft ist nicht mehr weit, schon heute wirken sich die Megatrends auf die Arbeitswelt aus: Der Wissensvorsprung erhält einen immer größeren Stellenwert, schnelle und intensive Kommunikation ist ein unverzichtbares Element. Die neuen Arbeitsformen sind deutlich flexibler, was nicht zuletzt den modernen Kommunikationstechnologien geschuldet ist: Homeoffice, Online-Konferenzen und mobiler Zugriff auf das Internet – die Mitarbeiter sind an jedem Platz und zu jeder Zeit erreichbar. Damit verändert sich die Belastung, denn die Informationen gehen in gehäufter Form ein, müssen gleichzeitig verarbeitet und weitergeleitet werden – der psychische Stress nimmt deutlich zu (Zukunftsinstitut 2016).

Gleichzeitig verschwimmen die Grenzen zwischen Beruflichem und Privatem, Mitarbeiter arbeiten teilweise im Homeoffice, sind permanent und überall erreichbar – sowohl telefonisch als auch per E-Mail. Der Anstieg psychosomatischer

Erkrankungen ist deswegen nicht verwunderlich: Innerhalb der letzten zehn Jahre stieg deren Häufigkeit um rund 50 %. Hinzu kommen psychische Erkrankungen wie Burn-out, aber auch Schlaflosigkeit, Unruhe oder Depressionen, die nicht selten durch Alkohol, andere Drogen oder Medikamente eingedämmt werden, ohne die Ursachen wirklich zu bekämpfen (Zukunftsinstitut 2016).

1.4.10 Auswirkungen der Megatrends auf ein BGM

Die Herausforderungen, die sich bei der Einführung eines BGM vor dem Hintergrund dieser Megatrends stellen, sind also enorm: Einerseits sind die unterschiedlichen Ausprägungen der einzelnen Altersgruppen zu berücksichtigen, die sich in ihren ganz individuellen Befindlichkeiten äußern. Sollen die Maßnahmen, Aktionen und Angebote wirklich angenommen werden, müssen sie also auf den konkreten Bedürfnissen der Mitarbeiter aufbauen und in einer breiten Vielfalt konzipiert werden. Andererseits wächst die Bedeutung der Gesundheitsförderung permanent: Neben dem zunehmenden Gesundheitsbewusstsein spielen die vielfältigen Veränderungen in der Gesellschaft, aber vor allem in der Arbeitswelt entscheidende Rollen. Die psychische Belastung nimmt deutlich zu, was nicht nur dem hohen Anspruch an Flexibilität und Mobilität geschuldet ist, sondern der grundlegenden Veränderung der Arbeitsplätze. Informationen werden deutlich schneller und in einem größeren Umfang transportiert, müssen verarbeitet und weitergeleitet werden.

Allein die wachsende Anzahl psychosomatischer Erkrankungen sollte ein Alarmsignal sein, hier spiegelt sich die veränderte Arbeitsbelastung deutlich wider. Trotzdem stößt die Einführung eines BGM, das insbesondere zur Veränderung der Arbeitsplätze und des gesamten Umfeldes beitragen kann, auf große Widerstände – in Abhängigkeit von der Unternehmensgröße. Ausschlaggebend für den Erfolg – und das in jeder Beziehung – ist und bleibt die Kommunikation:

- Nur durch eine effektive Wissensvermittlung können insbesondere kleine und mittlere Unternehmen von den Möglichkeiten, den Formen der Unterstützung und den Effekten eines BGM überzeugt werden – hier sind vor allem Krankenkassen und Unfallversicherungsträger gefragt.
- Nur im Rahmen einer intensiven, offenen und klaren Kommunikation können die Mitarbeiter überzeugt, an der Entwicklung eines bedarfsgerechten BGM beteiligt und zur Wahrnehmung der Angebote motiviert werden.
- Nur durch eine saubere Kommunikation lassen sich die Auswirkungen der Digitalisierung, nämlich die verkürzte und missverständliche Sprache, ausräumen – und das BGM ist dafür ein geeigneter Ansatz (Perwiss 2015).

1.5   Zusammenfassung

Was 1839 mit den ersten Arbeitszeitregelungen und den betrieblichen Unfallverhütungsvorschriften im Jahr 1884 begann und von den Anfängen einer Suchtprävention ab 1890 flankiert wurde, hat zum Ende der 1980er Jahre Eingang in die Managementstrategien gefunden: die Betriebliche Gesundheitsförderung. Der Arbeitsschutz wurde konsequent weiterentwickelt, die darüber hinausgehenden gesundheitlichen Belange der Arbeitnehmer rückten zunehmend in den Fokus des Interesses. Das Thema Suchtprävention, das sich bis in die 1980er Jahre auf Alkohol konzentrierte, gilt heute neben der Gesundheitsförderung als Teilbereich des Modells eines integrierten Gesundheitsmanagements.

Die Ziele, die Unternehmen mit der Implementierung eines BGM verfolgen, variieren in Abhängigkeit von deren Größe: Konzerne haben das Potenzial eines BGM in Bezug auf die Imageförderung am besten erkannt und schnell Strukturen geschaffen, die allerdings in unterschiedlichem Maße mit Leben gefüllt werden. Für viele Start-ups hingegen gehört die Sorge um das Wohlbefinden der eigenen Mitarbeiter, die gerne auch mit unkonventionellen Ansätzen verfolgt wird, von Anfang an zur Unternehmensphilosophie. Den größten Nachholbedarf hat der Mittelstand, was zum einen den knappen Ressourcen und dem fehlenden Wissen um das enorme Unterstützungspotenzial vonseiten der Krankenkassen und anderen Organisationen sowie zum anderen den traditionellen Strukturen in Familienunternehmen geschuldet ist.

Eine gängige Definition wie: „Betriebliches Gesundheitsmanagement ist die bewusste Steuerung und Integration aller betrieblichen Prozesse mit dem Ziel der Erhaltung und Förderung der Gesundheit und des Wohlbefindens der Beschäftigten. BGM betrachtet die Gesundheit der Beschäftigten als strategischen Faktor, der Einfluss auf die Leistungsfähigkeit, die Kultur und das Image der Organisation hat. BGM bezieht Gesundheit in das Leitbild, in die (Führungs-)Kultur, in die Strukturen und in die Prozesse der Organisation ein" (Bandura et al. 1999, S. 17). muss um die zentrale Komponente Kommunikation erweitert werden – sie ist der Dreh- und Angelpunkt für den Erfolg:

- BGM 1.0: Erfassung von Daten und Statistiken als Ausgangspunkt
- BGM 2.0: Schaffung interner Strukturen sowie einer Kommunikationsplattform zur Wissensvermittlung und zum Austausch
- BGM 3.0: Motivierung der Mitarbeiter durch moderne BGM-IT-Strukturen – bis hin zum Tracking aller Aktivitäten

- BGM 4.0: Veränderungen der Arbeitswelt bedürfen einer konsequenten Begleitung und Anpassung an die konkreten Bedürfnisse, Mitarbeiter müssen individuell abgeholt werden – beispielsweise die Generation Y hinsichtlich ihrer Ansprüche an Work-Life-Balance

Die Megatrends eröffnen ein enormes Potenzial an Möglichkeiten, schaffen aber auch neue Konfliktherde – die Schwerpunkte des BGM müssen sich weg von den physischen Faktoren hin zu den psychischen und psychologischen bewegen. Die Suchtproblematik wird wiederum eine große Rolle spielen. Ausschlaggebend für den Erfolg des BGM ist die Kommunikation. Die schönsten Instrumente, Challenges oder „technischen Spielzeuge" zur Erfassung und Auswertung der gesundheitsrelevanten Daten nützen nichts, wenn das Vertrauen in das Unternehmen, die direkten Vorgesetzten oder Kollegen fehlt: Unternehmenswerte müssen authentisch gelebt werden, sollen sie nicht im Alltag konterkariert und damit als Orientierungsgeber disqualifiziert werden.

Literatur

Badura, B., Ritter, W., & Scherf, M. (1999). *Betriebliches Gesundheitsmanagement – ein Leitfaden für die Praxis*. Berlin: Edition Sigma.

Bechmann, S., Jäckle, R., Lück, P., & Herdegen, R. (2011). *Motive und Hemmnisse für Betriebliches Gesundheitsmanagement (BGM)*. iga.Report 20. http://www.iga-info. de/fileadmin/redakteur/Veroeffentlichungen/iga_Reporte/Dokumente/iga-Report_20_ Umfrage_BGM_KMU_final_2011.pdf. Zugegriffen: 21. Juni 2016.

Born, K. E. (1996). Arbeiterschutz. In W. Ayaß (Hrsg.), *Quellensammlung zur Geschichte der deutschen Sozialpolitik 1867 bis 1914* (Bd. 3). Stuttgart: Fischer.

DAK Forschung. (2013). DAK_Gesundheitsreport 2013. https://www.dak.de/dak/download/Vollstaendiger_bundesweiter_Gesundheitsreport_2013-1318306.pdf. Zugegriffen: 7. Sept. 2016.

Dörr, N. (2004). 165 Jahre Einschränkung der Kinderarbeit in Preußen. Ein Beitrag zum Beginn der Sozialgesetzgebung in Deutschland. *MRM – MenschenRechtsMagazin, 2*, 151.

Esslinger, A. S. (Hrsg.). (2010). *Betriebliches Gesundheitsmanagement*. Wiesbaden: Gabler.

Grethlein, H. (o. J.). Infoblatt BGM – Betriebliches Gesundheitmanagement. http://www. gesundaufgestellt.de/media/Infoblatt-Betriebliches%20Gesundheitsmanagement.pdf. Zugegriffen: 21. Juni 2016.

Haberer, U. (o. J.). Betriebliches Gesundheitsmanagement. http://fdr-online.info/media/ BundesDrogenKongress/32.BundesDrogenKongress/S_25_Haberer.pdf. Zugegriffen: 21. Juni 2016.

Nöllenheidt, C., & Brenscheidt, S. (2014). *Arbeitswelt im Wandel*. Hrsg. von Bundesanstalt für Arbeitsschutz und Arbeitsmedizin (BAuA). http://www.baua.de/de/Publikationen/Broschueren/A90.pdf?__blob=publicationFile&v=8. Zugegriffen: 21. Juni 2016.

Perwiss. (2015). Durch betriebliches Gesundheitsmanagement die Wirtschaftlichkeit erhöhen. http://www.perwiss.de/betriebliches-gesundheitsmanagement.html. Zugegriffen: 21. Juni 2016.

Prümper, P. D., & Nachtwei, P. D. (2013). *Trendstudie Betriebliches Gesundheitsmanagement*. Berlin: spring Messe Management GmbH.

Redaktion Gesundheit/Bewegt B2B. (15. September 2015). BGM 3.0 – Gesunde Mitarbeiter als Wettbewerbsvorteil. http://www.bgm-manufaktur.de/bgm-als-wettbewerbsvorteil. Zugegriffen: 21. Juni 2016.

SOFI. (Hrsg.). (2012). *Berichterstattung zur sozio-ökonomischen Entwicklung in Deutschland – Teilhabe im Umbruch. Zweiter Bericht*. Berlin: SOFI.

Straubhaar, T. (14. April 2016). Gegen die Rentenkrise hilft nur mehr Bildung. *Die Welt*. http://www.welt.de/debatte/kommentare/article154353994/Gegen-die-Rentenkrise-hilft-nur-mehr-Bildung.html. Zugegriffen: 21. Juni 2016.

Unternehmensberatung für Betriebliches Gesundheitsmanagement. (2015). Praxisleitfaden Betriebliches Gesundheitsmanagement. http://www.gesundheitsmanagement24.de/praxisleitfaeden-checklisten/praxisleitfaden-betriebliches-gesundheitsmanagement. Zugegriffen: 21. Juni 2016.

Wallenfels, M. (2. Januar 2016). Auch kleine Firmen werden aktiv. *Ärzte Zeitung*. http://www.aerztezeitung.de/praxis_wirtschaft/betriebsmedizin/article/901843/mitarbeitergesundheit-kleine-firmen-aktiv.html. Zugegriffen: 21. Juni 2016.

Wissen + Karriere (2014). Abschlussbericht Trendstudie Betriebliches Gesundheitsmanagement (BGM). http://www.wissen-karriere.com/index.php?module=News&func=display&sid=19468. Zugegriffen: 21. Juni 2016.

Zukunftsinstitut. (2016). Megatrends Übersicht. https://www.zukunftsinstitut.de/dossier/megatrends. Zugegriffen: 21. Juni 2016.

ZWW Bielefeld. (o. J.). Herausforderungen für das Betriebliche Gesundheitsmanagement. http://www.bgm-bielefeld.de/index.php?page=20. Zugegriffen: 21. Juni 2016.

Weiterführende Literatur

DAK-Gesundheit. (2002). *Entwicklung des Fehltagesvolumens aufgrund psychischer Erkrankungen im Vergleich mit dem AU-Gesamtvolumen*. http://bgm-eup.de/wp-content/uploads/2013/08/Entw%C3%ADcklung-von-Fehltagen-im-Vergleich-DAK-2012.jpg. Zugegriffen: 21. Juni 2016.

Häfner, P. (o. J.). *Definition BGM*. Hrsg. Gesundheits Akademie Hösbach. http://www.gahoesbach.de/betriebliches-gesundheits-management/definition/index.html. Zugegriffen: 21. Juni .2016.

Sächsisches Staatsministerium für Wirtschaft, A. u. (8. Juni 2016). *Geschichte des Arbeitsschutzes in Deutschland*. http://www.arbeitsschutz.sachsen.de/download/Arbeitsschutzgeschichte-01-14.pdf. Zugegriffen: 21. Juni 2016.

Klassische Unternehmenskommunikation

2

2.1 Theoretischer Hintergrund und Ziel

Welche bislang vielleicht ungenutzten Werkzeuge aus Unternehmenskommunikation, PR und Marketing stehen Arbeitgebern, Kommunikationsexperten und Führungskräften hierfür zur Verfügung? Welche Praxisbeispiele aus branchenfernen Bereichen können helfen, eine unternehmensspezifische Kommunikationsstrategie zu entwickeln?

Viele Lösungen und Werkzeuge für eine erfolgreiche Kommunikation nach innen wie außen liegen griffbereit auf dem Tisch und sind in anderen Branchen teils standardisierte Elemente von PR und Unternehmenskommunikation. Dieses Kapitel soll nicht nur dabei unterstützen, diese Tools besser zu verstehen, sondern auch dazu befähigen, sie für die jeweilige Betriebssituation anzuwenden. Das bedeutet keineswegs, dass sich jedes Unternehmen derselben Inhalte des im Folgenden dargestellten Werkzeugkastens bedienen sollte. Ziel eines jeden Betriebs sollte es vielmehr sein, ein für den Einzelfall maßgeschneidertes Kommunikationskonzept zu erarbeiten.

Bevor das Kapitel den eigentlichen Werkzeugkasten öffnet, wird in kompakter Form auf das Zusammenspiel von Unternehmen und Gesellschaft eingegangen. In diesem Teil wird der so banale wie essenzielle Hintergrund der Kommunikation darstellt. Anschließend werden relevante Begriffe der externen und internen Unternehmenskommunikation aus theoretischer Perspektive betrachtet, bevor einige Werkzeuge aus der Kommunikationsbranche vorgestellt und anhand von Praxisbeispielen erläutert werden. Bereits an dieser Stelle soll festgehalten werden, dass dieses Kapitel kein umfassendes Kommunikationskonzept liefern kann. Vielmehr soll es darum gehen, Verantwortliche zu neuen Denkweisen zu inspirieren und den Horizont der Kommunikation zu erweitern.

© Springer Fachmedien Wiesbaden GmbH 2017
A. Ternès et al., *Integriertes Betriebliches Gesundheitsmanagement*,
DOI 10.1007/978-3-658-14640-5_2

2.2   BGM im Unternehmen und der Gesellschaft

2.2.1   Netzwerk: Die Anspruchsgruppen eines Unternehmens

Das Schlagwort Nachhaltigkeit erfährt in den letzten Jahren immer mehr Aufmerksamkeit. Diese Feststellung betrifft auch, wofür sich bestimmte Gesellschaftsgruppen interessieren. Selbst in den USA scheint dieser Trend inzwischen angekommen zu sein: Nach einem Artikel der Zeit-Journalistin Heike Buchter (31. Dezember 2015) sehen sich sogar seit Jahrzehnten erfolgreiche Firmenikonen wie Kellogg's oder McDonald's heute den veränderten Ansprüchen vieler Konsumenten gegenüber, die ihr Geschäftsmodell gehörig auf die Probe stellen.

So büßte Kellogg's im einst florierenden Geschäft mit den bekannten Frühstückscerealien zwischen 2013 und 2015 rund zehn Prozent seines Umsatzes ein. Auch McDonald's sieht sich mit Problemen konfrontiert und musste 2015 erstmals mehr Filialen schließen, als neu eröffnet wurden. Buchter sieht hierfür unter anderem folgenden Grund:

> [...] [W]as einst modern und effizient war, gilt heute vor allem bei der wichtigen *millennial*-Generation als ungesund und uncool. In einer Zeit, in der fast jede Kleinstadt zwischen Minnesota und dem Mississippi stolz einen *farmer's market* mit lokalem Gemüse und Obst präsentiert und Kochsender mit Nachrichtenkanälen um Einschaltquoten konkurrieren, haben Anbieter standardisierter Massenlebensmittel ihren Reiz verloren (Buchter 31. Dezember 2015).

Zwar spricht der Artikel auch an, dass bei der Kaufentscheidung oftmals ein nachhaltiges Markenimage wichtiger zu sein scheint als die tatsächlichen Nährwerte. Dennoch zeigen beide Fälle exemplarisch, dass sich Unternehmen immer wieder an gesellschaftliche Bedingungen anpassen müssen, um langfristig erfolgreich zu sein.

Diese Beobachtung gilt allerdings nicht nur für die Beziehung zwischen Unternehmen und Konsument. Der betriebliche Erfolg hängt ebenso von der Beziehung zu den Mitarbeitern ab, wenn es aufgrund schlechter Arbeitsbedingungen etwa zu einer erhöhten Personalfluktuation kommt. Lobbyisten positionieren organisations- und branchenspezifische Interessen im Umfeld der Politik, um bei der Gesetzgebung Vorteile für die eigene Geschäftsentwicklung herauszuschlagen. Nicht zuletzt sind Aktiengesellschaften wie McDonald's und Kellogg's ihren Anteilseignern verpflichtet, die gemeinhin als Shareholder bezeichnet werden.

Es wird deutlich, dass unterschiedlichste gesellschaftliche Gruppen mal mehr und mal weniger eindringlich ihre Ansprüche gegenüber Unternehmen kundtun und damit deren Erfolg antreiben oder abschwächen können. Entsprechende Anspruchsgruppen definiert man in der Betriebswirtschaftslehre gemeinhin als Stakeholder. Bereits 1984 bezeichnete Freeman Stakeholder als „any group or individual who can affect or is affected by the achievement of the organization's objectives" (Freeman 1984, S. 31). Damit stellt er fest, dass Unternehmen nicht nur ihren Anteilseignern gegenüber zur Maximierung ihres Erfolgs verpflichtet sind. Vielmehr sind sie Teil eines Netzwerks verschiedenster Akteure, die in unterschiedlicher Intensität mit einer Organisation in Verbindung stehen und Einfluss auf deren Ertrag und Reputation ausüben.

2.2.2 CSR: Unternehmerische Verantwortung für die Gesellschaft

Aus Freemans Feststellung leitet sich eine unmittelbare Verantwortung von Unternehmen für das Wohl ihrer Stakeholder ab, die über die Pflicht zur bloßen Gewinnmaximierung hinausgeht. Passend hierzu fasste die Europäische Kommission bereits 2001 unter dem Schlagwort Corporate Social Responsibility (CSR) ein Konzept zusammen,

> [...] das den Unternehmen als Grundlage dient, auf freiwilliger Basis soziale Belange und Umweltbelange in ihre Unternehmenstätigkeit und in die Wechselbeziehungen mit den Stakeholdern zu integrieren (Europäische Kommission 2001, S. 7).

Eine nachhaltige CSR-Strategie zielt demnach darauf ab, der ökonomischen, sozialen und ökologischen Verantwortung eines Unternehmens gegenüber der Gesellschaft gerecht zu werden. Nicht zuletzt geht das Konzept der CSR davon aus, dass die proaktive Wahrnehmung dieser Verantwortung am Ende auch einen Wettbewerbsvorteil für die jeweilige Organisation mit sich bringt.

Der Abgasskandal rund um den deutschen Automobilhersteller Volkswagen zeigt jedoch, dass eine CSR-Strategie nur so lange erfolgreich sein kann, wie kommunizierte Vorgaben auch eingehalten werden (vgl. Blinda 21. September 2015). Ist dies nicht der Fall, spricht man im Kontext von Ökologie und Umweltbewusstsein von „Green Washing" – ein Begriff, mit dem das CSR-Konzept über die Jahre hinweg ein wenig in Verruf gekommen zu sein scheint (vgl. Müller

2009). Es reicht in aller Regel nicht, lediglich nach außen eine nachhaltige CSR-Strategie zu propagieren, ohne intern tatsächlich zu liefern.

Das Konzept der Corporate Citizenship (CC) versucht in diesem Zusammenhang, noch einen Schritt weiter zu gehen. Sebastian Braun unterscheidet CC wie folgt von CSR:

> Es geht [...] weniger um spezifische Formen der institutionalisierten Verantwortung von Unternehmen als um die freiwillige gesellschaftliche Beteiligung im Gemeinwesen. [...] Im Zentrum stehen dabei ‚bürgerethische' Fragen nach Rechten und Pflichten von Unternehmen als Akteure im sozialen und politischen Gemeinwesen (Braun 2009, S. 60).

2.2.3 Employer Branding: Konsistenz nach innen und außen

Vor allem in den sogenannten MINT-Branchen – gemeint sind Betriebe im Mathematik-, Informatik-, Naturwissenschafts- und Technologie-Umfeld – kommt es aufgrund des demografischen Wandels vermehrt zu Fachkräftemängeln. Diese machen es nötig, in einem immer stärker werdenden „War for Talents" als Arbeitgeber hervorzustechen, um die für das betriebliche Fortbestehen benötigten Fach- und Nachwuchskräfte zu akquirieren (vgl. Christiaans 2012, S. 8).

An diesem Punkt setzt die Idee des Employer Brandings an. Eine Arbeitgebermarke bzw. Employer Brand dient dazu, die einzigartige Identität eines Unternehmens als Arbeitgeber zu komprimieren und so für die Wahrnehmung sowohl nach außen – an potenzielle Bewerber und Fachkräfte – als auch nach innen – an die bereits aktive Belegschaft – gewinnbringend zu kommunizieren. Mit anderen Worten nutzen Firmen das Konzept, um im angesprochenen „War for Talents" zu bestehen. Eine strategisch erarbeitete Arbeitgebermarke setzt dabei im Inneren des Betriebs an: Was macht das Unternehmen, seine Mitarbeiter, seine Herausforderungen, seine Grundsätze und Werte – kurz: seine Unternehmenskultur – aus? Auf Grundlage dieser internen Analyse definiert die Employer Brand schließlich jenen Hebel nach außen, der für relevante Bewerbergruppe besonders attraktiv erscheint und den Betrieb gleichzeitig von etwaigen Wettstreitern auf dem Bewerbermarkt abgrenzt (vgl. Christiaans 2012, S. 26 ff.).

Das Produkt jener internen Erfolgsfaktoren und der nach außen gerichteten Attraktivitätsfaktoren bezeichnet man als Unique Employer Proposition (UEP), die die Basis einer Employer Brand bilden sollte (vgl. Melde und Benz 2014, S. 7 f.). Die UEP dirigiert den Auftritt als Arbeitgeber gegenüber internen wie externen Zielgruppen, um wichtige Fachkräfte entweder zu binden oder neu zu gewinnen. Ein gelungenes Beispiel hierfür ist die Kampagne „Sei Erfinder" des Schweizer Pharmaunternehmens Roche PVT. Dessen Employer Brand positioniert aktive Mitarbeiter als Innovatoren und ruft gleichzeitig Externe dazu auf, selbst „Erfinder" bei Roche PVT zu werden (vgl. Krahmer 27. Juli 2015). Die UEP von Roche PVT setzt damit auf den Erfindergeist der Firma, was nicht nur der aktuellen Belegschaft schmeicheln dürfte, sondern gleichzeitig auch Querdenker und talentierte Nachwuchskräfte von außen auf eine Karriere bei Roche PVT aufmerksam machen soll (vgl. Abb. 2.1).

Sehr wahrscheinlich jedoch besitzt ein Arbeitgeber, der auf das Wohlergehen seiner Belegschaft positiv einzuwirken versucht, tendenziell ein höheres Attraktivitätspotenzial (vgl. Dotzauer 2013). Die Konzepte des Employer Brandings können daher als wichtiges Element eines Werkzeugkastens interpretiert werden.

Abb. 2.1 Employer Branding bei Roche PVT: „Sei Erfinder". (Quelle: Krahmer 27. Juli 2015)

2.3   Unternehmenskommunikation

Was ist eigentlich Kommunikation? Obwohl wir ständig kommunizieren, fällt die Antwort auf diese Frage ad hoc bis heute wohl nur den wenigsten leicht. Dabei spielt vor allem der kommunikationspsychologische wie auch -soziologische Aspekt von Kommunikation eine wesentliche Rolle. Denn es geht um die ziel- und zweckgerichtete Vermittlung von Inhalten zwischen verschiedenen Akteuren in einem mindestens zweiseitigen Kommunikationsprozess – ganz egal, ob es sich um die Mitarbeiter-, Führungskräfte-, Kunden- oder Partnerkommunikation handelt oder den Facebook-Chat mit der Kollegin am anderen Ende des Großraumbüros. In Mitarbeitergesprächen zwischen Vorgesetzten und Angestellten werden Konzepte besprochen, Gehaltsvorstellungen, Zukunftspläne oder Kündigungen. Am Kaffeeautomaten stehen die neue Krawatte des Chefs oder der Tratsch von der Firmenfeier am letzten Freitag auf der Agenda.

Der Fokus liegt in erster Linie auf unternehmensinternen Kommunikationsprozessen mit Mitarbeitern verschiedener Hierarchieebenen und erst nachrangig auf der externen Kommunikation mit Kunden, Partnern oder auch Wettbewerbern sowie der Öffentlichkeits- und Medienarbeit. Unternehmenskommunikation und die zugrunde liegende Strategie sollten in enger Abstimmung mit der Gesamt-Unternehmensstrategie und den Unternehmenszielen als ökonomische Determinanten erfolgen.

Das Konzept der integrierten Kommunikation zielt auf ein ganzheitliches Verständnis im Hinblick auf formale, zeitliche und insbesondere auch inhaltliche Kommunikation ab. Es gilt: Je komplexer die Organisationsstrukturen des Unternehmens, umso schwieriger ist die Koordination zwischen den einzelnen Einheiten und zugleich umso notwendiger die Integration in einen ganzheitlichen Kommunikationsansatz. Der Aspekt der Integration unter organisationstheoretischen Gesichtspunkten lässt sich auch auf den Bereich der Kommunikation übertragen und bezieht sowohl die Kommunikationsteilnehmer als auch die Kommunikationsformen sowie die Richtung der Kommunikation, d. h. top-down, bottom-up oder auch horizontal auf einer Hierarchieebene, ein.

Die interne Vernetzung von Organisationseinheiten durch Kommunikation ist eine der am häufigsten unterschätzten, aber wichtigsten Managementaufgaben und hat unmittelbare Auswirkungen auf Motivation, Loyalität, Identifikationsgrad, Arbeitsklima, Verfügbarkeit von Ressourcen, Leistungsbereitschaft und Wissensmanagement. Je effizienter die interne Kommunikation aufgestellt ist, umso höher ist die Erfolgswahrscheinlichkeit von Veränderungsprozessen. Für Transformationsprozesse, die auch einen Struktur- und Kulturwandel bedeuten und zwangsläufig immer mit spezifischen Bedürfnissen, aber auch Ängsten und Sorgen bei Mitarbeitern einhergehen, bedarf es des konstruktiven Engagements der Führungskräfte sowie der positiven Identifikation der Mitarbeiter mit der bestehenden und künftigen Unternehmenskultur und den Angeboten.

Gut funktionierende Kommunikationsstrukturen tragen dazu bei, im Unternehmen vorherrschende Verhaltensmuster, Gewohnheiten, Regeln oder auch den sozialen Umgang miteinander positiv zu beeinflussen und damit die Weiterentwicklung des Unternehmens zu unterstützen. Basis dafür ist die Teilhabe an Informationsflüssen, Prozessen und Angeboten.

▶ Das Stichwort „Kommunikation" ergibt bei Google mehr als 81 Mio. Treffer.

Natürlich bedarf eine Kommunikationsarchitektur entsprechender Ressourcen, personell wie finanziell. Gerade in kleinen und mittelständischen Unternehmen werden Investitionen in diesen Bereich oft von einem konkreten Nutzen und einer entsprechenden Messbarkeit (Controlling) abhängig gemacht, nicht von Sinn und langfristiger Relevanz.

Dies ist eine Rechnung, die der Realität in der unternehmerischen Praxis nur schwer standhält, da der Nutzen einer effizienten und professionellen Kommunikationsarchitektur überwiegend immateriell ist und nur mittelbar zum wirtschaftlichen Erfolg eines Unternehmens beiträgt. Aber eine unternehmerische Krise hat ihre Wurzeln zumeist in einer mangelhaften, eher reaktiven Kommunikation. Kommunikation sollte als Prozess verstanden werden, der vorausschauend und proaktiv angelegt ist.

2.3.1 Der Kommunikationsbegriff

Kommunikation ist die Basis für die Beziehung von Menschen zu- und miteinander sowie für die Beziehung zwischen Individuen und Organisationen. Der Mensch kann nicht nicht kommunizieren, wie Paul Watzlawick konstatiert, und es ist nahezu unmöglich, sich dem Umgang mit anderen und damit auch der Kommunikation zu entziehen. Kommunikation in jeglicher Form bestimmt den Alltag der meisten Menschen, erst recht im Rahmen einer beruflichen Tätigkeit.

Ein wesentlicher Bestandteil der Kommunikation, sowohl auf quantitativer als auch auf qualitativer Ebene, ist die Sprache – das gesprochene oder geschriebene Wort, die Botschaft, die vom Sender zum Empfänger übertragen werden

Abb. 2.2 Kommunikationsquadrat nach Schulz von Thun. (Quelle: Schulz von Thun-Institut für Kommunikation 2009)

soll. Diese birgt die Gefahr der individuellen Interpretationsspielräume, Verfälschungen, Missverständnisse, Verlust oder auch Verzögerung von Informationsübermittlung. Die Wahl des jeweiligen Informationskanals ist nicht nur von der jeweiligen Situation und Botschaft (Inhalten), sondern auch der kommunikativen Zielsetzung des Senders und den adressierten Empfängern abhängig. Kommunikation findet zwischen mindestens einem Sender und einem Empfänger statt. In seinem Vier-Seiten-Modell befasste sich Schulz von Thun dabei genauer mit dem Element der Nachricht, die Sender und Empfänger einander übermitteln (vgl. Traut-Matttausch und Frey 2006, S. 539 ff.). Nach seinem Modell wohnen jeder ausgetauschten Information folgende vier Botschaften inne (vgl. Abb. 2.2):

1. Ein Sachinhalt mit Bezug darauf, worüber der Sender eigentlich informiert,
2. eine Selbstoffenbarung darüber, was der Sender mit der Nachricht über sich verrät,
3. eine Beziehungsaussage, die Auskunft darüber gibt, in welchem Verhältnis Sender und Empfänger zueinander stehen, sowie
4. ein Appell bezüglich dessen, wozu der Sender den Empfänger veranlassen möchte.

Was so umständlich erscheint, lässt sich am Beispiel eines Kollegengesprächs am Kaffeeautomaten einfach erläutern. Bezogen auf Schulz von Thun enthält die Nachricht „Herr Müller hat heute aber besonders dunkle Augenringe!" folgende vier Botschaften:

1. Die sachliche Feststellung, dass Herr Müller heute besonders dunkle Augenringe hat,

2. die Selbstoffenbarung, dass der Sender Herrn Müller scheinbar öfter beobachtet,

3. die Beziehungsaussage, dass der Sender dem Empfänger in gewisser Weise vertraut, sowie

4. den Appell des Senders, eine Bestätigung der Aussage zu erhalten und ins Gespräch zu kommen.

Modelle wie dieses sind häufig Bestandteil von Kommunikationstrainings, wie sie auch im Berufsumfeld stattfinden. Sie regen unter anderem dazu an, bewusster zu kommunizieren, indem der Sender seine Aussagen bedachter wählt und mögliche Reaktionen des Empfängers bereits im Vorfeld in Betracht zieht. Auf diese Art und Weise sollen entsprechende Workshops dazu beitragen, Mitarbeitergespräche zielführender zu gestalten.

Geht es um die Implementierung von Maßnahmen, finden sich ebenfalls zahlreiche Situationen wieder, in denen vergleichbare Dialoge zwischen Sender und Empfänger stattfinden und die eine bewusste Kommunikation erfordern. Zentral ist hierbei zum Beispiel das Zusammenspiel von Führungskräften und Mitarbeitern. Dieses rückt besonders dann in den Fokus, wenn etwa von leitenden Angestellten erwartet wird, beschlossene Konzepte an ihre Teams zu kommunizieren und damit schlussendlich zu implementieren. An dieser Stelle wird jedoch deutlich, dass sich der Begriff der Unternehmenskommunikation in der Regel nicht auf Dialoge zwischen nur einem Empfänger und einem Sender bezieht. Vielmehr handelt es sich um eine netzwerkartige Kommunikation zwischen verschiedenen Sender- und Empfängergruppen wie zum Beispiel der Geschäftsführung auf der einen und Führungskräften auf der anderen Seite. An Komplexität gewinnt die Kommunikation im Unternehmensumfeld zudem dadurch, dass einzelne Adressaten Mitglieder mehrerer Gruppen sein können. Man denke etwa an eine leitende Angestellte, die außerdem Mitglied des Betriebsrates ist.

Soziale Konflikte können als Interaktionen, in denen mindestens zwei Individuen oder Organisationseinheiten einander widersprechende Interessen verfolgen und einander bei der Erreichung dieser Absichten behindern, gesehen werden. Konflikte sind unausweichlich. Überall, wo Menschen zusammenfinden, treffen zwangsläufig auch unterschiedliche Meinungen, Einstellungen, Interessen, Wünsche und nicht zuletzt auch interkulturelle Unterschiede aufeinander. Bei Konflikten am Arbeitsplatz sind diese Diversitäten besonders stark zu spüren, zudem treffen im Rahmen von Veränderungsprozessen häufig Unterstützer des Neuen und Bewahrer des Alten aufeinander. Entscheidend für den Verlauf eines Konflikts ist der Umgang damit – und dies ist nicht zuletzt eine Frage der Kommunikation.

Konflikte am Arbeitsplatz zeigen sich häufig in verschiedenen Ausprägungen:

- Beziehungskonflikt: wie kommunizieren Mitarbeiter miteinander,
- Wertekonflikt: die Art der Zusammenarbeit und des Miteinanders,
- Ressourcenkonflikt: Mangel an personelle Ressourcen,
- Sachkonflikt: unterschiedliche Auffassung in Bezug auf Sachverhalte oder auch
- Interessenkonflikte: Einwirken von unternehmenspolitischen Zwängen auf ein Projekt.

Jedoch findet ein Kommunikationsprozess zwischen Individuen statt und damit zwischen Menschen mit unterschiedlichen, völlig individuellen Erfahrungen. Begegnen sich nun mindestens zwei Menschen in einem Kommunikationsprozess, so gibt es möglicherweise Schnittmengen als Grundlage für ein Verständnis seitens des Empfängers der Botschaft für das, was der Sender ausdrücken will, Kommunikation baut also sozusagen die Brücke zwischen den beiden Erfahrungswelten, oder aber die Unterschiede sind so groß, dass der Empfänger dem Sender nicht folgen kann, ihn nicht oder nur mit Mühe und zeitlicher Verzögerung versteht.

Daher ist insbesondere der Erfahrungs- und Prägungshintergrund der jeweils miteinander kommunizierenden Parteien im Kommunikationsprozess des Betrieblichen Gesundheitsmanagements zu berücksichtigen. Gerade in Zusammenhang mit dem demografischen Wandel und den Auswirkungen auf die Strukturen von Belegschaften finden sich zahlreiche Beispiele, wie Kommunikation aufgrund verschiedener Erfahrungsebenen und -prägungen eher zum Zielkonflikt als zur Zielerreichung führt.

Dabei ist im Kommunikationsprozess ganz entscheidend, dass nicht ausschlaggebend ist, was der Sender sagen wollte oder gemeint hat, sondern das, was beim Empfänger der Botschaft ankommt, wie er sie versteht. Es kommt darauf an, was mit welchen Worten wie kommuniziert wird. Sprache hat eine hohe emotionale Komponente und verfügt aufgrund der Vielschichtigkeit über eine enorme Vielseitigkeit.

Erfolgreiche Kommunikation ist also, bezogen auf Unternehmen, der effektivste und schnellste Hebel in Bezug auf die Arbeitsfähigkeit von Organisationseinheiten, Teams und einzelnen Mitarbeitern und einer der wichtigsten Erfolgsfaktoren von erfolgreichen Teams, Netzwerken und Projektarbeiten.

39 Prozent der Arbeitnehmer in Deutschland geben an, in den vergangenen drei Monaten kein gehaltvolles Gespräch mit ihrem Vorgesetzten über die eigenen Stärken

geführt zu haben. Neun Prozent haben keine regelmäßigen Team-Besprechungen mit ihren Vorgesetzten, sieben Prozent ein- bis zweimal im Jahr, fünf Prozent weniger als einmal im Monat (vgl. Nink 2014).

Nur 18 Prozent der Befragten in Unternehmen geben an, die Bereichsgrenzen seien offen und „jeder rede mit jedem"(vgl. Moll et al. 2012a).

2.3.2 Von Unternehmenskultur zu Unternehmenskommunikation

Bezüglich der Unternehmenskommunikation wird traditionell zwischen interner und externer Unternehmenskommunikation unterschieden, um der Komplexität der Stakeholder des jeweiligen Betriebs in einem ersten Schritt gerecht zu werden. Beide Disziplinen sind eng verbunden mit der Kultur der Organisation, die sie repräsentieren: Für die interne Kommunikation stellt Andreas Jäggi (2007, S. 14) fest, dass sich ihre Aufgabe „direkt von der Unternehmensstrategie und den Unternehmenswerten" ableitet.

Selbiges gilt immer stärker auch für die externe Kommunikation, die sich nicht mehr länger mit der einspurigen Distribution von Unternehmensnachrichten und Presseinformationen begnügt. Vor allem durch die Omnipräsenz sozialer Netzwerke wie Facebook genügt es nicht, die Kommunikation nach außen auf Journalisten, Politik und Vertreter verwandter Branchen oder Unternehmen auszurichten. Vielmehr findet die externe Kommunikation verstärkt auch über die sozialen Medien statt – sei es über groß angelegte Social-Media-Kampagnen oder durch den Kontakt mit Kunden über Social Media. Der Dialog steht immer mehr im Zentrum des Handelns und sollte sich an der Leitkultur des Unternehmens ausrichten und diese möglichst transportieren.

Von Edgar H. Schein bis Geert Hofstede haben sich während der vergangenen Jahrzehnte verschiedenste Modelle der Unternehmenskultur im wissenschaftlichen Diskurs etabliert, natürlich jedoch nicht ohne im wissenschaftlichen Diskurs tief gehend analysiert und kritisiert zu werden. Zur Veranschaulichung soll an dieser Stelle ein Verweis auf das Modell nach Edward T. Hall genügen. Hall erläutert den Begriff der Unternehmenskultur anhand eines Eisbergs (Abb. 2.3). Ebenso wie die weißen Riesen der Ozeane besteht die Kultur einer Organisation aus sichtbaren und unsichtbaren Elementen. Der für das bloße Auge sichtbare Eisberg wird in dieser Bildmetapher von seinen unter der Wasseroberfläche gelegenen Elementen geprägt, die im ersten Moment gar nicht wahrgenommen werden (vgl. Wien und Franzke 2014, S. 40 f.). Transferiert man dieses Bild auf den Unternehmenskontext, entspricht zum Beispiel eine hohe krankheitsbedingte

Sachebene

Ziele,
Regeln,
Organisation

Sichtbar

Nicht sichtbar

Werte,   Bedürfnis,   Einstellung,
Motive,   Beziehung,   Angst,
Emotion   Wahrnehmung   Miss-/Vetrauen

Zugrundeliegende Annahmen

Beziehungsebene

Abb. 2.3 Das Eisbergmodell der Unternehmenskultur nach Edgar T. Hall. (Quelle: Zelesniack und Grolman o. J.)

Ausfallrate dem unübersehbaren Eisberg („Sachebene der Unternehmenskultur"). Die Gründe hierfür jedoch sind weniger leicht zu fassen, sie liegen quasi unterhalb der Wasseroberfläche. So kann beispielsweise eine Stress fördernde Unternehmenskultur, die ihren Mitarbeitern viel abverlangt und nur wenig Raum zur Erholung bietet, ursächlich für den hohen Krankenstand sein („Beziehungsebene der Unternehmenskultur").

Die in der internen wie externen Unternehmenskommunikation zu transportierende Kultur orientiert sich freilich an positiveren Elementen. Bevor eine Unternehmenskultur jedoch an alle Zielgruppen kommuniziert werden kann, sollte sie zunächst von ihren Akteuren definiert werden. Um hierbei Diskrepanzen zwischen tatsächlicher und gewünschter Alltagskultur in einer Unternehmung vorzubeugen, sollte diesem Prozess eine umfassende Analyse vorausgehen. Mögliche Maßnahmen hierfür sind Mitarbeiterbefragungen oder Studien über die Wahrnehmung des Betriebs in der Öffentlichkeit. Die herausgefilterten Elemente und Werte der Unternehmenskultur bedingen schließlich einerseits die Ziele und Visionen der jeweiligen Organisation. Andererseits sind sie grundlegend für die Ausrichtung der Kommunikationsaktivitäten eines Unternehmens nach innen und außen.

2.3.3   Hürden der Unternehmenskommunikation

Wie jedoch finden Kommunikatoren den richtigen Mittelweg für ihre spezifische Betriebssituation? Ein Kernproblem der Unternehmenskommunikation scheint zu sein, dass es selbst Kommunikationsexperten mitunter schwer fällt, bestimmte Themen zeitgemäß zu kommunizieren. Ein Grund hierfür könnte sein, dass beispielsweise Dialoge über die Gesundheit zwischen den Zeilen auch das negativ konnotierte Thema Krankheit tangieren. Die Folge ist ein gewisses Unbehagen, vor dessen Hintergrund Gesundheit kommunikativ mit Samthandschuhen angefasst wird. In einer Welt jedoch, in der Konsumenten in jeder Minute mit etlichen Informationen, Kampagnen und jeder Menge „Bling-bling" überschüttet werden, laufen zahme Botschaften Gefahr, schlichtweg übersehen zu werden (vgl. Nufer und Bender 2008, S. 2).

2.3.4   Interne Kommunikation

Die Kommunikation von Unternehmensziel und -zweck gehört gleichermaßen zu den wesentlichen Aufgaben der internen Kommunikation. Darüber hinaus liegt eine ihrer Kernaufgaben in der Motivation der Belegschaft, um ihren Einsatz für die jeweilige Unternehmensvision zu optimieren. 2012 befragte die Berliner Agentur Index 130 Kommunikationsexperten aus Wirtschaft und Verwaltung danach, welches für sie die wichtigsten Ziele interner Kommunikation sind (vgl. Idstein 2012). Die Studie ergab folgendes Ranking:

1. Wissenstransfer fördern (38,5 %)
2. Identifikation der Mitarbeiter mit dem Unternehmen fördern (32,3 %)
3. Bindung der Mitarbeiter an das Unternehmen erhöhen (25,4 %)
4. Positive Beeinflussung des Arbeitsklimas (25,4 %)
5. Mitarbeitermotivation steigern (20,8 %).

Das Ergebnis ähnelt älteren Umfragen, wie zum Beispiel der Studie „Leistungsfähigkeit interner Unternehmenskommunikation" unter 141 Befragten aus der Praxis (vgl. Huck-Sandhu und Spachmann 2008, S. 11 f.). Laut dieser Analyse gehören die Information der Mitarbeiter, die Stärkung ihrer Identifikation mit dem Unternehmen sowie das Darlegen von Geschäftszielen und -entscheidungen zu den wichtigsten Anliegen. Neben dem Wissenstransfer zwischen Unternehmensführung und Angestellten als zentralem Ziel stehen also auch Identifikation, Motivation, Arbeitsklima und Mitarbeiterbindung im Fokus, die allesamt eng mit

der Ausrichtung der jeweiligen Unternehmenskultur verbunden sind. Manfred
Bruhn unterscheidet in diesem Zusammenhang zwischen klassischer, feedbacko-
rientierter und systematischer unternehmensinterner Kommunikation (vgl. Bruhn
2014, S. 1125 ff.):

- Als klassisch bezeichnet Bruhn eine interne Kommunikation dann, wenn sie
  überwiegend dem Top-down-Prinzip folgt. Im Zentrum stehen damit abwärts-
  gerichtete Informationen der Geschäftsleitung gegenüber ihren Angestellten.
  Hierbei kommt es kaum oder gar nicht zu Interaktion und Dialog zwischen
  beiden Seiten.
- Im Falle der feedbackorientierten internen Kommunikation besteht dage-
  gen zumindest die Möglichkeit der aufwärtsgerichteten Kommunikation der
  Belegschaft in Richtung Geschäftsführung. Für Bruhn ist hierbei die tatsächliche Integration der Mitarbeiter in den Kommunikationsprozess jedoch kaum
  ausgeprägt. Außerdem findet eine Ausrichtung der Kommunikation an den
  verschiedenen Zielgruppen innerhalb eines Unternehmens so gut wie nicht
  statt.
- Als Gegenpol zur klassischen Form bezeichnet Bruhn die systematische Ausrichtung der internen Kommunikation. Sie zeichnet sich zum einen dadurch
  aus, dass implementierte Kommunikationsmaßnahmen sich an den jeweiligen
  Zielgruppen im Unternehmen ausrichten. Zum anderen fördert die systematische interne Unternehmenskommunikation den Dialog zwischen allen Beteiligten und fordert somit zu einem hohen Maß an Mitarbeiterpartizipation auf.

Aufgrund der hohen Komplexität bei der Koordination verschiedener Zielgruppen und Dialogpartner erscheint die systematische interne Kommunikation als
besonders aufwendig und anspruchsvoll. Geht es um das bloße Vermitteln von
Geschäftsnachrichten oder -zielen, mag die klassische Erscheinungsform daher
vielversprechender sein, um einer möglichen Verwischung der per se geradlinigen
Informationen vorzubeugen.

In diesem Sinne sollte die Aufteilung in eine klassische, feedbackorientierte
und systematische interne Kommunikation nicht als starr betrachtet werden. Vielmehr sind im Betriebsalltag je nach Thema und Anliegen Mischformen möglich
und angebracht.

Laut der „Studie zur Leistungsfähigkeit interner Unternehmenskommunikation" sahen im Jahr 2008 jedoch nur 25,7 % der Befragten es als wichtige Aufgabe an, Mitarbeitern über die interne Kommunikation ein Forum zum Austausch
und Dialog zu bieten (vgl. Huck-Sandhu und Spachmann 2008, S. 13). Dieses
Ergebnis lässt zumindest vermuten, dass es im Bereich der Dialogförderung in

deutschen Unternehmen noch Nachholbedarf gibt, was tendenziell negative Auswirkungen auf eine nachhaltig erfolgreiche Kommunikation haben könnte. Als weiteres Hindernis kann gewertet werden, dass die interne Kommunikation in hiesigen Betrieben überwiegend dem Top-down-Prinzip folgt und damit klassische Züge trägt. Gerade das Thema Gesundheit erfordert jedoch häufig einen intensiven Austausch mit dem Individuum. Weiterhin sollten die vielfältigen Zielgruppen innerhalb eines Unternehmens Berücksichtigung finden, um eine Strategie erfolgreich zu implementieren und die Partizipation möglichst vieler Mitarbeitergruppen sicherzustellen.

2.3.5 Externe Kommunikation

Der natürliche Fokus der Kommunikation liegt ohne Frage auf dem Dialog mit den internen Stakeholdern eines Unternehmens. Die externe Kommunikation unterstützt ebenfalls wesentliche Unternehmensziele. Eines dieser Ziele ist es, den jeweiligen Unternehmenszweck nach außen hin verständlich zu transportieren und damit das Handeln der Unternehmung gegenüber und innerhalb der Öffentlichkeit zu legitimieren. Unabhängig von der Branchenzugehörigkeit ist in diesem Kontext die Rolle als Arbeitgeber wichtig. Externe Anspruchsgruppen wie Bewerber, Nachwuchskräfte, Politik und immer mehr auch Konsumenten legen nicht nur Wert darauf, dass eine Firma Arbeitsplätze lediglich schafft, sondern auch darauf, unter welchen Bedingungen Angestellte ihrem Beruf nachgehen.

Unmittelbar hiermit verbunden ist eines der Kernziele jeglicher Unternehmenskommunikation, das darauf abzielt, die Reputation einer Organisation zu steigern. Christian Fahrenbach (2011) schlägt dabei folgende Definition der Unternehmensreputation vor:

> Die Unternehmensreputation ist das [...] bestenfalls Unterstützungspotentialauslösende Ansehen eines Unternehmens bei verschiedenen Anspruchsgruppen. Die Reputation konstituiert sich aus den Wahrnehmungen der Stakeholder der Organisation, deren Produkten und Dienstleistungen sowie deren Handelnden (Fahrenbach 2011, S. 17).

Die Reputation ist dabei ein nicht zu unterschätzender Faktor: „Je nach Studie hängen zwischen 15 und 50 % der Marktkapitalisierung eines Unternehmens von seinem Ansehen in der Öffentlichkeit ab" (vgl. Fahrenbach 2011, S. 17). Das Employer Branding einer Firma ist an der Schnittstelle zwischen interner und externer Kommunikation anzusiedeln: Einerseits wirkt eine Arbeitgebermarke nach innen, um die Unternehmenskultur erlebbar zu machen und die

Identifikation mit der Organisation zu stärken. Andererseits beschäftigt es sich nach außen hin mit der Aufgabe, das Unternehmen von Wettbewerbern für potenzielle Mitarbeiter abzugrenzen und für Fachkräfte attraktiv zu positionieren. Mit dem verstärkten Aufkommen von Employer-Branding-Maßnahmen lässt sich in den vergangenen Jahren der Trend beobachten, dass verstärkt „gewöhnliche" Mitarbeiter selbst klassische Aufgaben der externen Kommunikation übernehmen. Als Botschafter der Arbeitgebermarke übernehmen sie teilweise Aufgaben, wie sie ursprünglich Pressesprechern und Führungskräften eines Unternehmens vorbehalten waren: Sie repräsentieren ihre Firma, deren Werte und Kultur als Markenbotschafter nach außen. Richtig umgesetzt spielen sie so eine der überzeugendsten Karten in der Arbeitgeberkommunikation einer Organisation: Authentizität. Bewerbern ist es wichtig, dass ihr potenzieller Arbeitgeber nach innen hält, was er nach außen verspricht (Moll et al. 2012b). In Bezug auf diese Prämisse kommt den sogenannten Brand Ambassadors eine elementare Aufgabe zu. Sie sind in der Lage, glaubwürdig ein vermeintlich unverfälschtes und selbst erlebtes Bild über das Innenleben eines Unternehmens zu vermitteln (vgl. Hoffmann 2. September 2015).

Ein gelungenes Praxisbeispiel, wie Mitarbeiter als Botschafter ihres Arbeitgebers fungieren können, liefert die Marke ImmobilienScout24 mit einigen farbenfrohen Mitarbeiterclips auf der Videoplattform YouTube (vgl. Abb. 2.4). Jan Kirchner und Alexander Fedossov vom Digital-Magazin t3n bringen die Wirkung der Videos am Exempel der ImmobilienScout24-Angestellten Christiane Lehmann auf den Punkt:

> Nicht nur treten die Mitarbeiter als Testimonials auf, die das Bild eines vielfältigen, gut funktionierenden Teams und guter Zusammenarbeit zeichnen. Auf einer weiteren Ebene vermitteln die Videos nämlich, wie gut sich das Unternehmen um seine Mitarbeiter kümmert: durch die aufmerksame, detailverliebte Erzählweise der Filme, bei denen die Persönlichkeiten und Lebensgeschichten der Mitarbeiter im Vordergrund stehen und erst danach ihre Funktion innerhalb des Unternehmens. Hier kümmert man sich umeinander, auch menschlich – mit diesem Gefühl bleibt der Betrachter der Videos unweigerlich zurück (vgl. Kirchner und Fedossov 2014).

Auf lebendige und sympathische Art und Weise versuchen die Mitarbeiterporträts, interessierten Bewerbern einen authentischen Einblick in die Prinzipien von ImmobilienScout24 als Arbeitgeber zu geben. Dabei erscheinen die Videos kantig genug, um nicht potenziell jeden Aspiranten anzusprechen, sondern nur diejenigen, die sich mit Unternehmenskultur und Arbeitgebermarke auch wirklich identifizieren können.

Abb. 2.4 Beispiel für Mitarbeiterbotschafter einer Arbeitgebermarke bei ImmobilienScout24. (Quelle: Kirchner und Fedossov 2014)

An dieser Stelle öffnet sich bereits der angekündigte Werkzeugkasten für eine zeitgemäße und zielgruppengerechte Kommunikation. Der folgende Abschnitt stellt nun in übersichtlicher und kompakter Form eine Vielzahl weiterer Möglichkeiten vor, um nachhaltig zu kommunizieren.

2.4 Werkzeugkasten für eine zeitgemäße Kommunikation

Zu Beginn dieses Abschnitts sollen zwei grundsätzliche Bemerkungen stehen:

▶ Auch eine perfekte Kommunikationsstrategie ersetzt weder ein strategisch wertvolles Konzept noch das zur Verfügung gestellte Angebot an griffigen Maßnahmen.

Zwar sollte jede Unternehmenskommunikation prinzipiell in der Lage sein, konzeptuelle Stärken zu unterstreichen und eventuelle Schwächen zumindest über eine schlüssige Argumentation zu lindern. Eine allzu große Diskrepanz zwischen Anspruch und Wirklichkeit des unternehmerischen Wirkens bietet jedoch Angriffsflächen, die dazu führen können, dass sowohl die gewünschte Mitarbeiterpartizipation als auch die angestrebte Außenwirkung ausbleiben.

▶ Keines der noch zu erläuternden Kommunikationswerkzeuge ersetzt
   das persönliche Gespräch.

Egal ob im Personal- oder Feedbackgespräch, im Plausch nach dem Feierabend
oder in der Mittagspause: Eine erfolgreiche Kommunikation beruht nicht zuletzt
auch auf dem intensiven Dialog mit und zwischen den Mitarbeitern. Das ehrli-
che, überzeugte und überzeugende Wort kann im Direktkontakt mit der jeweiligen
Zielgruppe häufig mehr bewirken als eine ausgefeilte Kommunikationsstrategie.
Dies gilt nicht zuletzt auch für die externe Unternehmenskommunikation, wo
Hintergrundgespräche mit den richtigen Meinungsträgern zu mehr Erfolg führen
können als der Versand einer standardisierten Pressemitteilung an einen E-Mail-
Verteiler nach dem Gießkannenprinzip.

2.4.1 Influencer Relations: Testimonials und Botschafter

Bereits seit einigen Jahren existiert in Bezug auf letztere Beobachtung der Mode-
begriff der Influencer Relations. Als Influencer gelten Multiplikatoren und Mei-
nungsführer, die eine zentrale Rolle in ihrem Netzwerk einnehmen und eng mit
anderen vernetzt sind:

> Influencer sind Menschen, die ein hohes Ansehen genießen, […] einen Expertensta-
> tus besitzen oder im Rampenlicht stehen und aus all diesen Gründen eine Leitfunk-
> tion haben (Schüller 2012, S. 1).

Für das Umfeld der externen Unternehmenskommunikation zählt Schüller zum
Beispiel Lobbyisten, Unternehmerpersönlichkeiten, Journalisten, Analysten,
berühmte Sportler, Trendsetter, Vordenker und „Macher" zum Kreis der Influencer, die in der Lage sind, bestimmte Unternehmensbotschaften in ihrer Rolle als
Multiplikatoren zu verteilen.
Eher ungewöhnlich scheint es, den Begriff Influencer Relations auch auf die
interne Kommunikation anzuwenden. Derweil gibt es auch in Unternehmen gut
vernetzte Meinungsträger, die in der Lage sind, wichtige Botschaften und Konzepte zu streuen. Dabei gilt: Je größer die Firma, desto mehr Influencer können
und sollten von der internen Kommunikation ins Visier genommen werden. Ange-
sehene Persönlichkeiten im Inneren eines Unternehmens sind potenziell dazu in
der Lage, Reichweite und Reputation zu erhöhen. Dank ihrer Relevanz innerhalb
der anvisierten Zielgruppen können Nachrichten deutlich mehr Gewicht zuge-
sprochen werden als einem fremden Gesicht auf einem Plakat am Empfang oder
einer externen Seminarleiterin.

Abb. 2.5 Barbara Schöneberger in ihrer Rolle als Testimonial für HOMANN. (Quelle: Theobald 14. Mai 2014)

Nicht zuletzt deshalb sind sogenannte Testimonials ein beliebtes Tool in Marketing und Public Relations: Ob Michael „Bully" Herbig für HARIBO, Barbara Schöneberger für den Fleischsalat von HOMANN (Abb. 2.5) oder Heino für smartmobil.de – jede dieser Marken arbeitet mit einer berühmten Persönlichkeit, die durch ihre Bekanntheit und Relevanz in der angestrebten Zielgruppe Absatz und Glaubwürdigkeit erhöhen soll.

Ähnlich wie im Influencer-Marketing sollten hierfür zunächst geeignete Personen identifiziert werden. Ob ein Mitarbeiter willens ist, eine solche Rolle im Sinne des Unternehmens zu übernehmen, hängt dabei nicht zuletzt auch von seiner Bereitschaft ab, als Unternehmens-Botschafter in Erscheinung zu treten. Daher wird wohl nicht jedes Unternehmen auf seiner Suche nach passenden Persönlichkeiten erfolgreich sein.

2.4.2 Chance Führungskräftekommunikation

Auch das Thema Führungskräftekommunikation kann vor dem Hintergrund der sogenannten Influencer Relations betrachtet werden. Schließlich besitzen Führungskräfte eine unbestrittene Leitfunktion und dienen der Geschäftsführung gewissermaßen als Multiplikatoren ihrer Botschaften, Anweisungen und Leitlinien. Für die interne Kommunikation haben Führungskräfte eine janusköpfige Funktion inne: Einerseits stellen sie eine gesonderte Zielgruppe dar, die einen anderen Informationsbedarf hat als übliche Angestellte (vgl. Huck-Sandhu und

Spachmann 2008, S. 18). Andererseits fungieren sie auch als Kommunikatoren, die von der internen Kommunikation entsprechend für ihre Botschaften genutzt werden sollten.

Die notwendigen Hebel hierfür scheinen bereits in vielen Unternehmen fester Bestandteil der Führungskräftekommunikation zu sein (vgl. Huck-Sandhu und Spachmann 2008, S. 18). So boten bereits im Jahr 2008 etwa 70 % der befragten Unternehmen Informationsveranstaltungen speziell für Führungskräfte an, knapp 57 % führen persönliche Gespräche mit leitenden Angestellten oder arbeiten mit zielgruppenspezifischen Events und Veranstaltungen. Es folgen Führungskräfteseminare (rund 48 %) sowie etwas abgeschlagen spezielle Newsletter (rund 33 %) und eigene Führungskräfte-Portale im Intranet (rund 29 %).

Gesonderte Veranstaltungen für Führungskräfte und nicht zuletzt persönliche Gespräche können außerdem helfen, die Wahrnehmung entsprechender Informationen sicherzustellen. Abgerundet werden können diese je nach Bedarf mit Handreichungen wie Leitfäden, Präsentationen, Fragenkatalogen oder Kommunikationstrainings. Letztere können dazu befähigen, bewusster zu kommunizieren, und Angestellte motivierend anregen.

2.4.3 „Live Relations": Kommunikation als Event

Veranstaltungen spielen schon heute eine wichtige Rolle bei der internen Kommunikation. Ein Beispiel hierfür sind Gesundheitstage, an denen sich Mitarbeiter über BGM-Angebote informieren können. Hierbei sollte sichergestellt werden, dass entsprechende Informationsveranstaltungen nicht in Aktionismus verfallen, sondern in ein langfristig angelegtes BGM-Konzept eingebettet sind und auch wirklich den Nerv der jeweiligen Zielgruppen treffen, um eine rege Teilnahme zu gewährleisten.

Gerade im letzteren Falle lohnt erneut ein Blick auf neuartigere Methoden aus den Bereichen Public Relations und Marketing. Ein Verweis auf die in den letzten Jahren immer mehr an Bedeutung gewinnenden Pop-up-Stores mag vor dem Hintergrund der Kommunikation auf den ersten Blick fremd wirken. Deren Grundidee ließe sich im Einzelfall jedoch durchaus auf die interne Kommunikation betrieblicher Gesundheitsvorsorge übertragen. Unter einem Pop-up-Store versteht man gemeinhin

[...] die einmalige, temporäre sowie gewöhnlich auf einen Standort begrenzte dreidimensionale Inszenierung einer Marke [...], in deren Rahmen ein markenauthentisches Ladendesign, [...] ein erlebnisorientiertes, interaktives Unterhaltungsprogramm sowie der Einsatz von viralen Marketing-Techniken primär zur Erreichung von langfristigen, strategischen Kommunikations- und Markenzielen, und lediglich sekundär zur Realisierung von kurzfristigen, operativen Absatzzielen beitragen sollen (Baumgarth und Kastner 2012).

Ein Beispiel für einen solchen Pop-up-Store liefert das Blumenbüro Holland, das in Deutschland als Marketingorganisation für Blumen und Pflanzen aus den Niederlanden auftritt. In Hamburg installierte das Blumenbüro im Jahr 2012 für zwei Wochen einen Pop-up-Store unter dem Motto „Vitamin P", wo sich Pflanzenliebhaber ihre persönliche „Powerpflanze" abholen konnten. Sinn der Aktion war es zu zeigen, dass Zimmerpflanzen Konzentration, Vitalität und Wohlbefinden fördern, um damit den Verkauf dieser anzukurbeln. Somit können entsprechende Events unterstützen, eine Employer Brand für die Mitarbeiter erlebbar zu machen.

2.4.4 Guerilla-Marketing

Guerilla-Marketing gehört in der Kommunikationsbranche zu einem der gefragtesten, aber auch herausforderndsten Tools. Das Prinzip: Mithilfe kreativer und teils provokanter Aktionen wird bei nur geringem Budgeteinsatz eine möglichst hohe Reichweite für die zu vermittelnde Botschaft erreicht. Auch hierbei gilt festzustellen, dass Guerilla-Ansätze bislang überwiegend Marketing und Public Relations zugeschrieben werden. Derweil bietet sich Guerilla-Marketing im Einzelfall durchaus auch für die interne Kommunikation an, zumal die anvisierten Zielgruppen in aller Regel überschaubarer sind und damit virale Effekte wahrscheinlicher wirken.

Guerilla-Marketing wird gemeinhin als Antwort auf eine Krise der klassischen Werbung gewertet: Konsumenten nehmen nur zwei Prozent der Informationen auf, mit denen sie tagtäglich konfrontiert werden (vgl. Nufer und Bender 2008, S. 2). Vor dem Hintergrund dieser Informationsüberflutung steigt der Druck auf Werbetreibende, von der gewünschten Zielgruppe auch tatsächlich wahrgenommen zu werden. Da Marketingmaßnahmen von Konsumenten außerdem zunehmend als aufdringlich und austauschbar wahrgenommen werden, versucht das Guerilla-Marketing, mit unkonventionellen Mitteln auf eine Werbebotschaft aufmerksam zu machen. Der Ansatz umfasst damit

[...] verschiedene kommunikationspolitische Instrumente, die darauf abzielen, mit vergleichsweise geringen Kosten bei einer möglichst hohen Anzahl von Kontaktpersonen einen Überraschungseffekt zu erzielen, um so einen sehr hohen Guerilla-Effekt (Verhältnis von Werbenutzen und -kosten) zu erzielen (vgl. Hutter 2014, S. 12).

Inzwischen werden verschiedene innovative Marketingmethoden dem Guerilla-Prinzip zugeordnet, von denen an dieser Stelle jedoch nur jene angerissen werden sollen, die im Kontext der BGM-Kommunikation am ehesten anwendbar sind. Dies beinhaltet (vgl. Hutter 2014, S. 15):

- Ambient-Marketing: Hierbei findet Werbung an Orten statt, an denen üblicherweise nicht damit gerechnet wird (vgl. Abb. 2.6). Die entsprechende Umgebung wird bewusst in die Kommunikationsstrategie eingebunden. Potenzielle Räumlichkeiten sind etwa der Empfangsbereich, Meeting-Räume oder der Schreibtisch des einzelnen Mitarbeiters.
- Sensation-Marketing: Dabei handelt es sich um überraschende Inszenierungen an öffentlichen Plätzen (vgl. Abb. 2.7). Im Unternehmensumfeld bieten sich für die interne Kommunikation nicht nur die nähere Umgebung von Bürokomplexen an, sondern etwa auch Mitarbeiter-Kantine und Cafeteria. Der Übergang zum Ambient-Marketing ist dabei häufig fließend.
- Viral-Marketing: Dieses zielt darauf ab, dass sich entsprechende Werbebotschaften vornehmlich über digitale Plattformen virenhaft verbreiten. Im Umfeld der internen Kommunikation hängt dies jedoch stark von der Akzeptanz von Kommunikationsplattformen wie dem jeweiligen Intranet sowie dem Nutzerverhalten in einzelnen Unternehmen ab.

Die skizzierten Marketing-Formen und Praxisbeispiele können als Aufhänger für eigene Kommunikationsmaßnahmen mit „Überraschungseffekt" dienen,

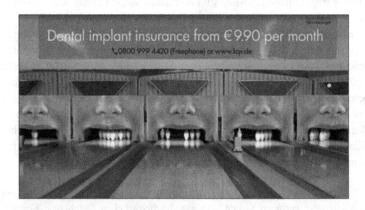

Abb. 2.6 Beispiel für Ambient-Marketing für eine Zahnversicherung an Bowling-Bahnen. (Quelle: Eicher 10. Dezember 2006)

Abb. 2.7 Beispiel für Sensation-Marketing der Marke Meister Proper. (Quelle: Kurier.at 20. April 2013)

da es genügend Anknüpfungspunkte für unkonventionelle, unerwartete Kommunikationsideen gibt. Dies gilt nicht zuletzt auch für externe Zielgruppen wie Nachwuchskräfte, die zum Beispiel an Hochschulen oder Fachmessen mit entsprechenden Guerilla-Maßnahmen adressiert werden könnten.

2.4.5 Klassische Tools der Kommunikation

Innovative Kommunikationswerkzeuge wie Guerilla-Marketing oder „Pop-up" können und sollten in der internen Kommunikation keinesfalls traditionelle Tools wie klassische Printmedien von der Mitarbeiterzeitschrift bis zur Broschüre oder digitale Medien vom Newsletter bis zum Intranet ersetzen. Plattformen wie diese sind imstande, für ein „Grundrauschen" interner Kommunikationsanliegen zu sorgen, und dienen überwiegend der umfassenden Information aller Mitarbeiter.

Diese Feststellung erlaubt jedoch nicht den Schluss, dass klassische Medien eines Unternehmens nicht einer kritischen Status-quo-Analyse unterzogen werden sollten, um sicherzustellen, dass sie wirklich eine möglichst große Zahl der Mitarbeiter erreichen. Interne Medien sehen sich dabei ähnlichen Herausforderungen gegenüber wie nach außen gerichtete Plattformen: Um wirklich wahrgenommen zu werden und damit auch eine möglichst hohe Partizipationsrate zu erreichen, sollte der entsprechende Content nicht nur theoretisch informieren, sondern zur aktiven Teilnahme motivieren. Die häufig zu lesende Prämisse „Content is king!" gilt daher nicht zuletzt auch für die Medien der internen Kommunikation.

2.4.6   Animierender Content – auch intern

Es existieren inzwischen etliche Ratgeber, die zu Rate gezogen werden können, um eine nachhaltige, vor allem aber auch individuelle Content-Strategie zu entwickeln. Viele Quellen beziehen sich vorrangig auf die externe Kommunikation wie den eigenen Unternehmensblog oder Corporate-Profile in sozialen Netzwerken wie Facebook, Twitter oder LinkedIn. In Bezug auf interne Content-Kanäle stellt sich die Frage, wieso diese nicht ähnlichen Qualitätskriterien unterliegen sollten. Denn ob ein Unternehmen dies möchte oder nicht: Interne Medien stehen in Konkurrenz zu externen Webseiten, Blogs und Magazinen. Deshalb sollte zumindest angestrebt werden, dass Mitarbeiter beispielsweise in der Mittagspause nicht ausschließlich in Spiegel Online, im liebsten Reiseblog oder Facebook stöbern, sondern hin und wieder auch das Intranet durchforsten.

An dieser Stelle soll ein grober Überblick der wichtigsten Content-Regeln und -Tools genügen, um die Qualität der jeweiligen internen Kanäle im Ansatz überprüfbar zu machen. Eine einfache, klare Botschaft sollte in diesem Zusammenhang den Startpunkt einer erfolgreichen Kommunikation darstellen. Auf seinem Blog veröffentlichte Kommunikationsexperte Christian Rätsch, Geschäftsführer der Werbeagentur Saatchi & Saatchi, einen passenden Artikel mit der Überschrift „Einfachheit ist besser – warum einfache Kommunikation mehr erreicht", und erläutert diese wie folgt:

> Unsere Welt ist komplex genug. Da sollte die Kommunikation doch genutzt werden, das Leben zu vereinfachen, statt es komplizierter zu machen. Meine These lautet daher: ‚Nachvollziehbarkeit schafft Begeisterung, Vereinfachung schafft Merkfähigkeit' (Rätsch 2014).

Das zugrunde liegende Konzept sollte dabei maßgebend sein, um den entsprechenden Content in den unterschiedlichen verfügbaren Kanälen zu produzieren. Besonders wichtig erscheint in diesem Zusammenhang einerseits die Konsistenz der jeweiligen Inhalte. Andererseits sollte der Content an die Vor- und Nachteile des jeweils verwendeten Mediums angepasst und entsprechend variiert werden. Das bedeutet, dass etwa eine Mitarbeiterzeitschrift andere Inhalte als ein Newsletter verlangt, die zuvor definierte Kernbotschaft jedoch stets transportiert werden sollte. Die Vielfalt der Content-Kanäle sollte dabei weniger als Aufwand denn als Chance begriffen werden, bietet sie doch genügend Spielraum, eine einfache Botschaft auf verschiedenste Art und Weise zu vermitteln – sei es über Kolumnen oder Interviews, über Infografiken oder Bildstrecken, über Mitarbeiter-Tests oder Gewinnspiele, inspirierendes Storytelling oder Wikis.

2.4.7   Content für externe Zielgruppen

Wie bereits dargestellt, bezieht sich das Feld der Kommunikation nicht ausschließlich auf interne Stakeholder. Ganz im Gegenteil sollte geprüft werden, ob der intern aufbereitete Content auch für externe Zielgruppen geeignet sein könnte, wie zum Beispiel zur Ansprache potenzieller Bewerber und Fachkräfte. Auch hierbei sollte auf eine durchgehende Konsistenz zwischen extern und intern vermittelten Botschaften Wert gelegt werden, um irritierende Diskrepanzen für beide Sphären der Kommunikation zu vermeiden. Idealerweise findet die für unternehmensinterne Zwecke definierte UEP auch nach außen Anwendung, um hierüber die Wahrnehmung der implementierten Employer Brand zu unterstützen.

2.5   Schlussbetrachtung: Kommunikationstools wirksam nutzen

Spätestens bei der Nennung der App Snapchat zeigt sich, dass das Bild eines Werkzeugkastens für die Kommunikation Grenzen aufweist: Während die Kernelemente eines klassischen Werkzeugkastens bis auf wenige Ausnahmen wohl auf sehr lange Zeit dieselben bleiben, steht die Kommunikation vor der Herausforderung, sich ständig zu hinterfragen und hinsichtlich aktueller Trends mitunter gar laufend neu zu erfinden.

Die Metapher eines Werkzeugkastens trifft jedoch insofern zu, als im Verlauf des Kapitels einige Kernelemente einer erfolgreichen Kommunikation vorgestellt werden konnten – quasi als Gegenstück zu Hammer, Zange und Schraubenzieher. Diese sollen an dieser Stelle noch einmal zusammengefasst werden:

Übersicht Kommunikationstools

- Medienmix: Um eine möglichst hohe Reichweite zu erzielen, sollten sich die verwendeten Medien an den Bedürfnissen der Mitarbeiter ausrichten und damit etwa über das Intranet hinausgehen, wenn dieses nicht für die gesamte Belegschaft laufend erreichbar ist. Damit geht einher, dass unterschiedliche Kanäle verschiedene Inhalte erfordern, um eine möglichst hohe Qualität und Diversität innerhalb der Kommunikation zu gewährleisten.

- Service: Um aktiv wahrgenommen zu werden, sollten die aufbereiteten Inhalte adressierten Zielgruppen einen möglichst hohen Mehrwert bieten. Der produzierte Content befindet sich im Wettstreit mit etlichen externen und weiteren internen Inhalten und sollte deren Qualität idealerweise in nichts nachstehen.
- Content: Die beiden erstgenannten Punkte weisen darauf hin, dass sich eine kreative Content-Strategie zur Triebfeder für die Implementierung eines Kommunikations-Konzepts entwickeln kann. Die Kommunikation sollte sich daher in der modernen Unternehmenskommunikation etablierten Ansätzen wie Content-Marketing oder Storytelling nicht verschließen.
- Live Relations: Neben Seminaren können scheinbar unkonventionelle Events und Aktionen dazu beitragen, das jeweilige Konzept erlebbar zu machen, und über Überraschungseffekte für mehr Aufmerksamkeit und Teilnahmebereitschaft sorgen. Beispiele hierfür sind die Prinzipien von Pop-up-Stores oder Guerilla-Marketing.
- Influencer Relations: Eine zentrale Rolle in der Kommunikation spielen Führungskräfte als interne Influencer eines Unternehmens. Diese verfügen über einen besonderen Informationsbedarf, dem man in jedem Falle gerecht werden sollte, um eine umfassende Information der Belegschaft zu gewährleisten.
- Dialog: Eine erfolgreiche interne Kommunikation lebt vom Dialog mit und zwischen den Mitarbeitern. Gerade eine Unternehmenskultur, die im Sinne einer systematischen internen Kommunikation eine offene Dialogkultur fördert, erscheint in der Lage, die Partizipation an entsprechenden Angeboten zu erhöhen. Dies beginnt bereits mit der Einbeziehung von Mitarbeitern in die Konzeptionsphase.
- Einfachheit: Konzepte und Inhalte sollten eine einfache Botschaft transportieren, um überfordernde Komplexität zu vermeiden. Dies gilt auch und gerade für die Ansprache externer Zielgruppen. Die Kommunikation nach innen wie auch außen sollte dabei eine größtmögliche Konsistenz aufweisen, um Missverständnissen und Verwirrung vorzubeugen.
- Langfristigkeit: Kommunikationskonzepte sollten sich weder auf Einzelaktionen noch auf die Anfangsphase der Implementierung beschrän-

ken. Im Gegenteil sollten sie in ein langfristiges Konzept eingebunden und laufend überprüft werden, um dauerhaft zu Erfolg zu führen.

Die genannten Elemente sollten lediglich als Orientierung dienen, keinesfalls jedoch als feste Bestandteile der Kommunikationsstrategie eines jeden Unternehmens gelten. Vielmehr sollten sich die individuellen Kommunikationsmaßnahmen und -werkzeuge an der spezifischen Unternehmenskultur und den jeweiligen Angeboten orientieren.

Literatur

Baumgarth, C., & Kastner, O. L. (2012). Pop-up-Stores im Modebereich: Erfolgsfaktoren einer vergänglichen Form der Kundeninspiration. http://www.mba-berlin.de/fileadmin/user_upload/MAIN-dateien/1_IMB/Working_Papers/2012/WP_69_online.pdf. Zugegriffen: 5. Jan. 2016.

Blinda, A. (21. September 2015). Test mit Überraschung: So kamen die US-Behörden VW auf die Spur. *Spiegel Online.* http://www.spiegel.de/auto/aktuell/volkswagen-skandal-wie-die-us-behoerden-vw-auf-die-spur-kamen-a-1053972.html. Zugegriffen: 28. Okt. 2015.

Braun, S. (2009). Unternehmen in Gesellschaft: „Corporate Citizenship" und das gesellschaftliche Engagement von Unternehmen in Deutschland. http://www.vhw.de/fileadmin/user_upload/06_forschung/Projekteuebersicht/CSR/Beitraege_CSR/PDFs/Unternehmen_in_Gesellschaft.pdf. Zugegriffen: 1. Nov. 2015.

Bruhn, M. (2014). *Unternehmens- und Marketingkommunikation. Handbuch für ein integriertes Kommunikationsmanagement.* München: Vahlen.

Buchter, H. (31. Dezember 2015). Amerika hat es satt. Die Zeit. http://www.zeit.de/2015/51/usa-fast-food-krise-gesunde-ernaehrung. Zugegriffen: 19. Aug. 2016.

Christiaans, L. (2012). *International employer brand management. A multilevel analysis and segmentation of students' preferences.* Wiesbaden: Springer Gabler.

Dotzauer, A. (2013). Betriebliches Gesundheitsmanagement fördert die Mitarbeiterbindung – FOM Studie. http://www.dotzauer-blog.de/2013/05/betriebliches-gesundheitsmanagement-bgm-mitarbeiterbindung-studie.html. Zugegriffen: 8. Nov. 2015.

Eicher, D. (10. Dezember 2006). Buzz Marketing für Versicherung. Webguerillas. http://brainwash.webguerillas.de/uncategorized/buzz-marketing-zahn-implantate. Zugegriffen: 19. Feb. 2016.

Europäische Kommission. (2001). Grünbuch – Europäische Rahmenbedingungen für die soziale Verantwortung der Unternehmen. http://www.csrgermany.de/www/csr_cms_relaunch.nsf/id/E111744E17E6050EC12577FF00373E36/$file/greenpaper_de.pdf?open. Zugegriffen: 19. Aug. 2016.

Fahrenbach, C. (2011). *Reputationsorientiertes Themen- und Issues-Management. Konzeption, Regelbetrieb, Weiterentwicklung.* Freie wissenschaftliche Arbeit zur Erlangung des akademischen Grads Doktor rerum sociale an der Fakultät Wirtschafts- und

Sozialwissenschaften der Universität Hohenheim. https://opus.uni-hohenheim.de/voll-
texte/2012/670/pdf/Diss_CFa.pdf. Zugegriffen: 20. Dez. 2015.

Freeman, R. E. (1984). *Strategic management. A stakeholder approach.* Cambridge: Cambridge University Press.

Hoffmann, K. (2. September 2015). Ist wirklich jeder Mitarbeiter ein Markenbotschafter?
PR-Doktor. http://www.kerstin-hoffmann.de/pr-doktor/2015/09/02/ist-wirklich-jeder-
mitarbeiter-ein-markenbotschafter. Zugegriffen: 12. Dez. 2015.

Huck-Sandhu, S., & Spachmann, K. (2008). Leistungsfähigkeit interner Unternehmenskommunikation. https://www.uni-hohenheim.de/fileadmin/einrichtungen/media/PDF/
Teilnehmerbericht_Interne_Kommunikation_final_25.6.pdf. Zugegriffen: 1. Dez. 2015.

Hutter, K. (2014). Guerilla-Marketing. Die Wirkung unkonventioneller Kommunikationsformen im Marketing. http://www.marketingclub-dresden.de/media/
public/Veranstaltungen/140320-Vortragsveranstaltung/Professionelles_Guerilla-Marke-
ting_2014-03-20.pdf?PHPSESSID=196ce40c5b86cd38287175cc539cc224. Zugegriffen: 12. Jan. 2016.

Idstein, W. (2012): Mitarbeitermagazine werden wieder stärker top-down kommunizieren.
cpwissen. http://www.cpwissen.de/Experten-Forum/items/mitarbeitermagazine-werden-
wieder-staerker-top-down-kommunizieren.html. Zugegriffen: 11. Jan. 2016.

Jäggi, A. (2007). Was interne Kommunikation bewirkt. Eine Einführung. In A. Jäggi & V.
Egli (Hrsg.), *Interne Kommunikation in der Praxis. Sieben Analysen, sieben Fallbei-
spiele, sieben Meinungen* (S. 11–23). Zürich: Verlag Neue Zürcher Zeitung.

Kirchner, J., & Fedossov, A. (2014). Vom Mitarbeiter zum Markenbotschafter: Wie Emplo-
yer-Branding auf allen Unternehmensebenen funktioniert. *t3n, 37.* http://t3n.de/maga-
zin/employer-branding-allen-unternehmensebenen-funktioniert-236760. Zugegriffen:
31. Jan. 2016.

Krahmer, C. (27. Juli 2015): „Immer noch Flachblattscheibenwischermotoringe-
nieur?" Die Employer-Branding-Kampagne „Sei Erfinder" von Roche PVT.
Recruitainment Blog. http://blog.recrutainment.de/2015/07/27/immer-noch-flachblatt-
scheibenwischermotoringenieur-die-employer-branding-kampagne-sei-erfinder-von-
roche-pvt/#ixzz40iPPRLM3. Zugegriffen: 2. Feb. 2016.

Kurier.at. (20. April 2013). Die Straße als Werbefläche. http://kurier.at/kult/guerilla-marke-
ting-die-strasse-als-werbeflaeche/9.626.275/slideshow. Zugegriffen: 19. Feb. 2016.

Melde, A., & Benz, M. (2014). Employer Branding in Wissenschaft und Praxis. Wie mit-
telständische Unternehmen ihre Arbeitgeberpositionierung international erfolgreich
gestalten können. http://www.imw.fraunhofer.de/content/dam/moez/de/documents/Wor-
king_Paper/Employer%20Branding_8.pdf. Zugegriffen: 15. Dez. 2015.

Moll, J., Dendorfer, R., & Ponschab, R. (2012a) *Münchener Anwaltshandbuch Arbeits-
recht* (3. Aufl.). München: Beck.

Moll, J., Bado, P., de Oliveira-Souza, R., Bramati, I. E., Lima, D. O., Paiva, F. F., et al.
(2012b). A neural signature of affiliative emotion in the human septohypothalamic area.
Journal of Neuroscience, 32(3), 12499–12505.

Müller, A.-M. (2009). Green Washing – Die dunkle Seite der CSR. *Reset.* https://reset.org/
knowledge/greenwashing-%E2%80%93-die-dunkle-seite-der-csr. Zugegriffen. 2. Dez.
2015.

Nink, M. (2014). *Engagement index.* München: Redline.

Nufer, G., & Bender, M. (2008). Guerilla Marketing. http://www.esb-business-school.de/ fileadmin/user_upload/Fakultaet_ESB/Forschung/Publikationen/Diskussionsbeitraege_ zu_Marketing_Management/Reutlinger_Diskussionsbeitrag_2008_-_5.pdf. Zugegriffen: 13. Dez. 2015.

Rätsch, C. (2014). Einfachheit ist besser – warum einfache Kommunikation mehr erreicht. 2. Juni 2014. https://christianraetsch.de/2014/06/02/einfachheit-ist-besser-warum-einfache-kommunikation-mehr-erreicht. Zugegriffen: 25. Nov. 2015.

Schüller, A. M. (2012). Influencer: Die neuen Supertargets in Sales und Marketing. *Touch Point Blog.* http://blog.anneschueller.de/influencer-die-neuen-supertargets-in-sales-und-marketing. Zugegriffen: 27. Nov. 2015.

Schulz von Thun-Institut für Kommunikation. (2009). Das Kommunikationsquadrat. http:// www.schulz-von-thun.de/index.php?article_id=71. Zugegriffen: 13. Dez. 2015.

Theobald, T. (14. Mai 2014). Barbara Schöneberger bekommt Appetit auf mediterrane Salate. *HORIZONT online.* http://www.horizont.net/agenturen/nachrichten/Homann-Spot-von-McCann-Barbara-Schoeneberger-bekommt-Appetit-auf-mediterrane-Salate-120552. Zugegriffen: 10. Jan. 2016.

Traut-Mattausch, E., & Frey, D. (2006). Kommunikationsmodelle. In H.-W. Bierhoff & D. Frey (Hrsg.), *Handbuch der Sozialpsychologie und Kommunikationspsychologie* (S. 536–541). Göttingen: Hogrefe.

Wien, A., & Franzke, N. (2014). *Unternehmenskultur. Zielorientierte Unternehmensethik als entscheidender Erfolgsfaktor.* Wiesbaden: Springer Gabler.

Weiterführende Literatur

Bechmann, S., Jäckle, R., Lück, P., & Herdegen, R. (2011). Motive und Hemmnisse für Betriebliches Gesundheitsmanagement (BGM). *iga.Report 20.* http://www.iga-info. de/fileadmin/redakteur/Veroeffentlichungen/iga_Reporte/Dokumente/iga-Report_20_ Umfrage_BGM_KMU_final_2011.pdf. Zugegriffen: 21. Feb. 2016.

Kramer, A. (2008). Leuchttürme der Betrieblichen Gesundheitsförderung. Beispiele guter Praxis im Öffentlichen Dienst. http://www.dnbgf.de/fileadmin/downloads/materialien/ dateien/Leuchtuerme_BGF.pdf. Zugegriffen: 3. Nov. 2015.

Marshall, P., Rhodes, M., & Todd, B. (30. September 2014). The 6 Essential Elements of a Powerful Unique Selling Proposition. *Entrepreneur Media.* http://www.entrepreneur. com/article/237218. Zugegriffen: 2. Feb. 2016.

Rätsch, C. (2015). Kommunikation wird Service (zweiter Teil). 15. Juni 2015. https://christianraetsch.de/2015/06/15/kommunikation-wird-service-zweiter-teil/. Zugegriffen: 25. Nov. 2015.

Rebensburg, A., & Beiersdorf, T. (2009). Erfolgsfaktor Gesundheit. Leitfaden und Praxisbeispiele. http://www.fuerstenberg-institut.de/wp-content/uploads/2010/08/Erfolgsfaktor_Gesundheit_04_09_2.pdf. Zugegriffen: 3. Nov. 2015.

Stickling, E. (2015). Da geht noch was. *Personalwirtschaft, 10.* http://www.fuerstenberg-institut.de/wp-content/uploads/2015/10/pwt_Kurzbericht_2015_10_20-23.pdf. Zugegriffen: 21. Feb. 2016.

Süddeutsche Zeitung. (12. August 2009). Gesundheitskampagnen – Von drollig bis drastisch. http://www.sueddeutsche.de/gesundheit/gesundheitskampagnen-von-drollig-bis-
drastisch-1.160096-3. Zugegriffen: 22. Nov. 2015.
t-online.de. (10. Januar 2013). Diese Nichtraucherkampagne geht unter die Haut. http://
www.t-online.de/lifestyle/gesundheit/rauchen/id_61636164/diese-nichtraucher-kampa-
gne-geht-unter-die-haut.html. Zugegriffen: 5. Dez. 2015.
Zelesniack, E., & Grolman, F. (o. J.). Unternehmenskultur: Die wichtigsten Modelle zur
Analyse und Veränderung der Unternehmenskultur im Überblick. *initio Unternehmens-*
beratung. https://organisationsberatung.net/unternehmenskultur-kulturwandel-in-unter-
nehmen-organisationen. Zugegriffen: 5. Jan. 2016.

Moderne Kommunikationsstrategien im Betrieblichen Gesundheitsmanagement

3

Betriebliches Gesundheitsmanagement ist und bleibt eine Maßnahme, an der sich Mitarbeiter auf freiwilliger Basis beteiligen. Somit ist Überzeugungsarbeit eine Kernaufgabe des Gesundheitsmanagers, damit dieses erfolgreich sein kann. Eine besondere Aufgabe fällt hierbei der Kommunikation zu, da sie die Brücke für eine erfolgreiche Motivation schlagen muss. Wie die vorangegangenen Kapitel gezeigt haben, existieren zahlreiche Möglichkeiten, etablierte Kommunikationsmethoden auf das Thema BGM anzuwenden. In diesem Kapitel werden nun exemplarische unterschiedliche Strategien aufgezeigt und beschrieben, mit denen Betriebe ihre Mitarbeiter für das Thema Gesundheit begeistern und zu gesundheitsbewusstem Verhalten motivieren.

3.1 Theoretischer Hintergrund

3.1.1 Was macht ein Individuum aus?

„Wer bin ich?" und „Was unterscheidet mich von anderen?" sind Fragen, die jeden Menschen beschäftigen und ihn in seinem täglichen Handeln motivieren und antreiben. Der Mensch erhält sein Leben lang durch soziale Interaktion Informationen über sich selbst und formt daraus ein Selbstbildnis. Was den Menschen umgibt, prägt ihn. Imitation, welche nicht immer einen bewussten Prozess darstellt und nicht auf vorhandenem Wissen basiert, prägt neben der Identifikation unser Selbstbild und entsprechende Verhaltensmuster. Individuelle Erfahrungen führen zu Mustern, die das Denken, Fühlen und Handeln bestimmen. Der Mensch ist ein denkendes und fühlendes Wesen, geprägt durch Erfahrung, erlangtes Wissen und einen andauernden Sozialisationsprozess. Er bewegt sich und kommuniziert im Verhältnis mit und zu anderen. Was aber treibt den Menschen an?

© Springer Fachmedien Wiesbaden GmbH 2017 59
A. Ternès et al., *Integriertes Betriebliches Gesundheitsmanagement*,
DOI 10.1007/978-3-658-14640-5_3

Klaus Grawe (1998) beschreibt in seiner Konsistenztheorie als Teil der Psychologischen Theorie, dass jeder Mensch mehrere psychologische Grundbedürfnisse hat, welche er für sein Wohlergehen erfüllen muss und nach deren Erfüllung und Erhalt er strebt. Motivationale Ziele sind nach Grawe: Selbstwertschutz und Selbstwerterhöhung, Lustgewinn und Unlustvermeidung, Orientierung und Kontrolle sowie Bindung im Sinne sich gegenseitig bestätigender Beziehungen. Aus diesen Zielen ergeben sich im Laufe des Lebens Strategien, um die Grundbedürfnisse zu schützen und zu erfüllen, um – nach Grawe – eine möglichst große Konsistenz und damit ein möglichst großes Wohlbefinden zu erleben.

Abraham Maslow (1943) hat in der als Maslowsche Bedürfnispyramide bekannt gewordenen Einteilung, die jedoch nur eine Interpretation seiner Theorie darstellt, die Grundbedürfnisse in fünf Kategorien unterteilt:

1. Physiologische Bedürfnisse: Sicherung der existenziellen Bedürfnisse wie Hunger oder Durst.
2. Sicherheitsbedürfnisse: Streben nach Sicherheit, Stabilität, Ordnung und Schutz.
3. Soziale Bedürfnisse: Streben nach sozial stabilisierenden Beziehungen (Familie, Freunde, Lebenspartner), Einnehmen einer sozialen Rolle, Liebe, Zuneigung, Anerkennung, Zugehörigkeit.
4. Individualbedürfnisse: Wunsch nach Stärke, Erfolg, Unabhängigkeit, Status, Ruhm und Macht. Darauf gründet sich das Selbstwertgefühl eines Menschen.
5. Bedürfnis nach Selbstverwirklichung: Streben nach der Weiterentwicklung der eigenen Persönlichkeit.

Die ersten vier bezeichnet er als Defizitbedürfnisse, da eine Nichterfüllung ein Defizit darstellt, während die Selbstverwirklichung ein ständiges Wachstumsbedürfnis darstellt. Solange ein Bedürfnis nicht befriedigt ist, bestimmt und aktiviert es ein bestimmtes Handeln im Streben nach der Bedürfnisbefriedigung.

Die beschriebene Befriedigung der inter- und intraindividuellen Bedürfnisse stellt einen grundsätzlichen Ansatz und eine Grundlage für die Kommunikation im Betrieblichen Gesundheitsmanagement dar. Hier können für eine grundsätzliche Orientierung drei verschiedene Strategien beobachtet und transformiert eingesetzt werden.

Dabei spielen Urinstinkte wie Angriff oder Flucht nach wie vor eine Rolle, weil sie in unserer Gehirnstruktur und -funktionalität immer noch so angelegt sind. Die sogenannte „3 F"-Strategie (Fight, Flight or Freeze) ergänzt dies noch um den Aspekt des vor Angst handlungs- und bewegungsunfähigen Verharrens als Reaktion auf akute Bedrohungsszenarien und das Überschreiten eines gewissen Stresspegels in unserem Gehirn. Dies äußert sich heutzutage selten als Reaktion auf ein sich näherndes Raubtier, das uns in Lebensgefahr bringt, auch Not und Elend sind in der westlichen Welt selten Auslöser dafür, dass der Mensch auf Angriff oder Flucht umschaltet. Zu beobachten sind diese archaischen Reaktionen jedoch nach wie vor im gesellschaftlichen und unternehmensbezogenen Kontext. Die Gefahren von früher sind heute durch Führungs- und Organisationsmethoden, Komplexität und Dynamik, Führungsverhalten und gesamtgesellschaftliche Phänomene ersetzt worden, sie haben die Reaktionen des Individuums Mensch oder diejenigen innerhalb einer Gruppe aber nicht verändert.

Weiterhin können Kommunikationsprozesse innerhalb eines Unternehmens zwischen hierarchisch untergebenem Mitarbeiter und Führungskraft Bezug nehmend auf das konsistenztheoretische Modell von Klaus Grawe dazu führen, dass der Mensch nicht mehr prioritär logisch, sondern emotionsgetrieben handelt. Diese Systematik ist auch als eine solche zu verstehen, kann sie doch für positive oder negative Verstärkung des Gewollten Sorge tragen und gezielt im Betrieblichen Gesundheitsmanagement eingesetzt werden.

Fühlt sich der Mensch in seinem sozialen Umfeld missverstanden, mangelt es an sozialer Bindung oder positiver Wertschätzung, hat er das Gefühl, dass er in der Befriedigung seiner eigenen Bedürfnisse nicht ernst genommen oder gar daran gehindert wird, dann beeinflussen diese Determinanten nicht nur die Selbstwahrnehmung, sondern in der Konsequenz den Kommunikationsprozess und die Beziehung zwischen denjenigen, die eine Botschaft absenden, und dem Empfänger.

Erfahrungen prägen dabei die Reaktion des Menschen auf bestimmte Handlungen oder Settings – manchmal auch unbewusst. Fehlen Erfahrungen, so kann auch dies zu Stressreaktionen führen und Angst auslösen, was in der Konsequenz, in Anlehnung an die Theorie von Maslow, heißen würde, dass der Mensch eine Vermeidungsstrategie entwickelt, um Situationen oder Handlungen, die eine Bedrohung darstellen, zukünftig zu vermeiden.

Positiv formuliert bedeutet das: Bewegt sich der Mensch in einer Umgebung und einem sozialen Umfeld, das mit positiven Emotionen besetzt ist, zum Beispiel Freude, Liebe, Stolz, Spaß, Begeisterung, so fördert dies die allgemeine Motivation und damit auch die Lern- und Leistungsbereitschaft, da der Mensch dann bestrebt ist, seine eigenen Bedürfnisse zu decken.

Dabei kann Stress als positive und leistungsfördernde Herausforderung wirken. Auch im Unternehmensalltag sind emotionale Ereignisse an der Tagesordnung. Beispielsweise kann Lob durch Führungskräfte oder ein positives Feedback durch Kollegen oder Kunden zu positiven und leistungsförderlichen Emotionen führen. Auf der Seite der Mitarbeiter gibt es selbstverständlich aber auch Störfaktoren und durchaus Handlungsblockierer in Form von negativen Emotionen, beispielsweise ausgelöst durch Neid, Missgunst, Mobbing, mangelnde Wertschätzung, Arbeitsverdichtung, personellen Ressourcenmangel, zu hohe Arbeitsbelastung oder auch gestörte Kommunikationsprozesse.

Grundsätzlich spricht man in der Kommunikation nach dem Individuumsansatz für das Betriebliche Gesundheitsmanagement davon, Emotionen ziel- und
zweckgerichtet einzusetzen und dabei die gegebenen oder zu schaffenden Verhältnisse adäquat zu berücksichtigen. Dieser Ausgangslage ist große Beachtung
zu schenken, denn positive wie negative Emotionslagen können sich sowohl physisch als auch psychisch auswirken.

3.1.2 Konsequenzen für die Kommunikation im Rahmen eines BGM

Die beschriebenen Kommunikations- und Menschmodelle sowie Ansätze für
Strategien im Unternehmen zeigen, dass nicht nur die sprachliche, auf den Inhalt
bezogene Ebene der Kommunikation von elementarer Bedeutung ist, sondern vor
allem auch die Beziehungsebene eine Grundlage dafür schafft, ob die Botschaft,
die platziert werden soll, ihren Zweck erreicht und auch so verstanden wird, wie
vom Sender intendiert.

Gerade beim Thema Gesundheit spielt Letzteres eine entscheidende Rolle,
da es sich um ein sehr emotional besetztes und oftmals als sehr persönlich empfundenes Thema handelt. Jeder Mensch hat seine individuellen Grundvoraussetzungen, Bedürfnisse, Befindlichkeiten, Vorlieben und Abneigungen. Daher ist
eine hohe Empathie auf der Seite des Senders wichtig, um Botschaften zielgruppengerecht zu formulieren. Das setzt wertschätzendes Zuhören voraus, um ein
Verständnis für die Bedürfnisse und Interessen des Gegenübers zu erlangen und
darauf ausgerichtete Lösungsansätze zu entwickeln.

Hat ein Mitarbeiter beispielsweise negative Erfahrungen im Fitnessstudio
gemacht, so ist die Hemmschwelle zur Teilnahme an Firmenfitnessangeboten
deutlich höher als bei einem Mitarbeiter, der bereits regelmäßig privat Sport treibt
und über eine entsprechende Konstitution verfügt. Umso wichtiger ist es daher,
gerade diejenigen im Unternehmen zu erreichen, die bislang keine besondere
Affinität zu den verschiedenen Themenschwerpunkten des Betrieblichen Gesundheitsmanagements und den einzelnen Maßnahmen gezeigt haben. Voraussetzung
dafür ist, dass Unternehmen und Dienstleister die Bedürfnisse erfassen, zum Beispiel im Rahmen einer Mitarbeiterbefragung – also zuhören.

Der Spagat im Kommunikationsprozess des betrieblichen Engagements beim
Thema Gesundheit besteht insbesondere darin, möglichst umfassende sachliche

Informationen auf eine möglichst nicht belehrende Art und Weise an möglichst viele Mitarbeiter zu vermitteln und zugleich authentisch zu wirken. Es darf nicht der Eindruck entstehen, dass ein Unternehmen nur deshalb Angebote zur Gesundheitsförderung schafft, um die Produktivität zu steigern, sondern es sollte im Vordergrund stehen, dass das Unternehmen die Mitarbeiter nicht nur als Arbeitnehmer, sondern als Menschen in den Mittelpunkt rückt. Keinesfalls darf beim Mitarbeiter als Empfänger der Botschaft ankommen, dass er so wie er ist, sowohl auf seine körperliche als auch auf seine seelische Konstitution bezogen, nicht „in Ordnung" ist. Dann wird er sich angegriffen fühlen und die „Fight, Flight or Freeze"-Reaktion zeigen.

Auch wenn sich eine gesündere Belegschaft in der Konsequenz positiv in den vom Unternehmen erfassten Kennzahlen bemerkbar macht, so darf dies nicht im Vordergrund stehen, da schnell der Eindruck entsteht, dass eine Nicht-Teilnahme negative Konsequenzen für den einzelnen Mitarbeiter haben könnte. Dies erzeugt nicht nur negativen Stress, sondern unter Umständen bewirkt es eine Vermeidungsstrategie, und es wird genau das Gegenteil dessen bewirkt, was die ursprüngliche Absicht war.

Das bereits beschriebene Vier-Seiten-Modell von Schulz von Thun zeigt, wie wichtig es ist, etwas von sich selbst preiszugeben und in dem Kommunikationsprozess in eine beidseitige Kommunikation einzutreten, um durch positive Emotionen eine aufgeschlossene und möglichst unvoreingenommene Grundeinstellung gegenüber der Thematik herzustellen.

Auch die Auswahl der Kommunikationsinstrumente kann dabei den Erfolg der Investition in das Thema Betriebliches Gesundheitsmanagement unterstützen.

Ein weiterer Aspekt, der nicht unerwähnt bleiben soll, da er für die zu wählende Kommunikationsstrategie ebenfalls relevant ist, ist die in dem jeweiligen Unternehmen vorzufindende Organisationsstruktur. Ist ein Unternehmen in seiner Mitarbeiterstruktur eher linear organisiert, mit möglichst geordneten Strukturen und Hierarchiestufen, dann funktioniert eine Strategie mit Fokus auf den Einzelnen, auf das Individuum, sehr gut.

Wichtig ist, dass sich bei der Individuumsstrategie die Angebote zur betrieblichen Gesundheitsförderung auch tatsächlich auf das Individuum konzentrieren und nicht – sei es aus Zeit- oder Kostengründen – innerhalb kürzester Zeit in ein anderes Setting, beispielsweise in größere Gruppen, überführt werden. Das führt dazu, dass sich der einzelne Mensch mit seinen individuellen Bedürfnissen nicht mehr ernst- und wahrgenommen fühlt. Wobei die Individualisierung der Leistungserbringung nicht zwingend eine Individualisierung der Kommunikation voraussetzt.

Stattdessen sollten viele kleine Individualereignisse erfolgen, die den einzelnen Mitarbeiter abholen und durch kleine Erfolge motivieren. Belohnung in verschiedensten Formen, sei es, weil jemand durch Sport abnimmt, immer größere Distanzen zurücklegen kann oder erfolgreich mit dem Rauchen aufhört und sich gesünder ernährt und so gesundheitliche Verbesserungseffekte feststellt, wirkt als positiver Verstärker und kann zu dauerhafter Verhaltensänderung führen.

Häufig finden sich aber gerade in Start-ups oder innovativen Unternehmen Gruppenstrukturen, in denen die Bedürfnisse des Einzelnen denen der Gruppe untergeordnet werden. Hier bedarf es eines anderen Ansatzes, um über die Gruppe den Einzelnen zu erreichen.

Sowohl für Unternehmen, die Betriebliches Gesundheitsmanagement in ihre Organisationsstrukturen implementieren und es nachhaltig zu einem festen Bestandteil ihrer Unternehmenskultur machen, als auch für Unternehmen, die entsprechende Dienstleistungen anbieten, ergeben sich große Chancen und Herausforderungen in einem sich stetig erweiternden und innovativen Marktumfeld.

Unternehmen, die sich für Betriebliches Gesundheitsmanagement entscheiden, können sich durch integrierte und ganzheitliche Konzepte von Wettbewerbern abheben, die Arbeitgebermarke stärken und über übliche Komponenten eines Beschäftigungsverhältnisses (Gehalt, Urlaubstage etc.) hinausgehende, wertschätzende Angebote für die Mitarbeiter schaffen. Noch ist dies im deutschen Arbeitgebermarkt nicht zum allgemeinen und selbstverständlichen Bestandteil geworden, aber das Bewusstsein für die Thematik steigt unabhängig von gesetzlichen Vorgaben stetig.

Für die Dienstleister im Segment des Betrieblichen Gesundheitsmanagements gilt in Anlehnung an die Blue-Ocean-Strategie von Kim und Mauborgne (2005), dass sie sich überwiegend noch in einem relativ neuen und jungen Markt mit profitablen Wachstumschancen bewegen. Mit innovativen Produkten und Ansätzen können sie sich von Wettbewerbern differenzieren, Nischen erobern und neue Märkte bzw. Zielgruppen erschließen. Es herrscht ein „Blue Ocean" vor.

Die Grundidee der Blue-Ocean-Strategie, nicht über die klassische Steuerungstrias Zeit, Kosten und Qualität zu arbeiten, sondern sich die Vorteile von Nischen und eigenerschaffenen, neuen Märkten zunutze zu machen, kann und sollte systemisch in die Kommunikation von Betrieblichem Gesundheitsmanagement übertragen werden.

Hierzu bedarf es eines bestimmten Maßes an Innovationskraft, Design und analytischem Überdenken, welche Zugangswege für das Thema Gesundheit noch nicht eröffnet oder noch unbesetzt sind und wie diese idealtypisch im Rahmen einer Markterschließungstheorie besetzt werden können.

Im Gegensatz dazu steht die Idee des „Red Ocean", also eines geschlossenen und etablierten Marktes. Hier gelten die im Rahmen diverser wirtschaftswissenschaftlicher Forschungen beschriebenen Marktgesetze. Charakterisiert dadurch, dass Angebote austauschbar werden und der Preis über die Kaufentscheidung des Kunden bestimmt. Konkurrenten durch noch innovativere Produkte zu übertreffen, wird zunehmend schwieriger.

Wird diese Erkenntnis in den Kommunikationsansatz im Betrieblichen Gesundheitsmanagement übersetzt, ist für eine optimale Kommunikationsleistung darauf zu achten, dass neben dem „Blended"-Ansatz der Kommunikation auch keine mittel- oder unmittelbare Konkurrenz zu bestehenden Kommunikationsformen und -ansätzen im Unternehmen aufgebaut wird, sondern neue Kommunikationswege und -kanäle identifiziert und „erobert" werden.

Es gilt, bestehende Konkurrenz in der Kommunikation zu vermeiden und das so gesparte Engagement im üblichen „ruinösen Preiskampf" auf die Erschaffung und Eroberung neuer „Kommunikationsmärkte" zu verwenden.

3.1.3 Motivationsstrategien

Bevor einzelne Motivationsstrategien beschrieben werden, soll zunächst einmal behandelt werden, was Motivation eigentlich ist bzw. wie sie entsteht. Hierzu werden zwei Definitionen zur Motivation abgebildet.

▶ „Motivation ist die Abweichung eines angestrebten Zustandes (Sollwertes) von einem aktuellen Zustand (Istwert). Diese Abweichung gibt dem Verhalten Energie, Richtung und Ausdauer" (Scheffer und Kuhl 2006, S. 9).

▶ „Motivation lässt sich definieren als die aktivierende Ausrichtung des momentanen Lebensvollzugs auf einen positiv bewerteten Zielzustand" (Rheinberg 2008, S. 15).

Es wird deutlich, dass Motivation immer einen Bezug zu der aktuellen Situation hat. Als hypothetische Konstrukte werden die Sollwerte bezeichnet, die im Inneren der Person liegen. Die Beobachtung direkt ist nicht möglich, sondern nur indirekt anhand des motivierenden Verhaltens erkennbar. Die Motivation ist ein Zustand, der das Verhalten unmittelbar beeinflusst und somit der Energielieferer darstellt, um Barrieren auf dem Weg zum Ziel zu überwinden (vgl. Scheffer und Kuhl 2006, S. 9).

Prinzipiell kann zwischen der extrinsischen und der intrinsischen Motivation unterschieden werden. Welche Art der Motivation vorliegt, hängt von dem angestrebten Zielzustand ab. Eine intrinsische Motivation ist vorhanden, wenn etwas um seiner selbst willen geschieht und damit die Handlung einen positiven Erlebensaspekt vorweist (vgl. Rheinberg 2006, S. 149) Dies ist der Fall, wenn der Person etwas spannend, interessant oder herausfordernd erscheint. Es ist hier möglich, dass die Handlung an sich belohnend ist, dies wird auch tätigkeitszentrierte Motivation genannt, oder dass der Gegenstand der Handlung die Grundlage für das Handeln ist. Beispielsweise ist ein Mitarbeiter an einem Arbeits-/Lernthema interessiert und eignet sich das nötige Wissen aufgrund des Interesses an. Dies wird der gegenstandszentrierten intrinsischen Motivation zugeordnet. Bei der intrinsischen Motivation kann sowohl ein Bedürfnis nach Selbstbestimmung und Kompetenz vorliegen als auch die Übereinstimmung von Mittel und Zweck bei der Durchführung der Handlung (vgl. Hott 2015, S. 6). Im Gegensatz zur intrinsischen Motivation liegt bei der extrinsischen Motivation der gewollte Zielzustand außerhalb der Handlung. Um positive Konsequenzen zu erreichen, werden instrumentelle Funktionen genutzt. Oftmals steht eine Art der Belohnung im Mittelpunkt (Anerkennung, Lob, Bezahlung), aber auch die Vermeidung von Bestrafung kann extrinsische Motivation auslösen (zum Beispiel soziale Kritik, Ablehnung, materielle Einbußen) (vgl. Scheffer und Kuhl 2006, S. 13).

Ein interessantes Phänomen sind die Wechselbeziehungen zwischen intrinsischer und extrinsischer Motivation. So kann durch die richtigen Maßnahmen aus einer extrinsischen Motivation eine intrinsische Motivation werden (Abb. 3.1).

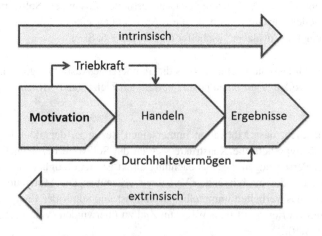

Abb. 3.1 Motivation: Triebkraft für Spaß und Erfolg. (Quelle: o. V. 2012)

Um diesen Verlauf zu erreichen, können im Betrieblichen Gesundheitsmanagement verschiedene Strategien angewendet werden. Diese sollen im Folgenden unter den Begriffen „Amuse-Gueule-Strategie", „Wettbewerbsstrategie" und „Partizipationsstrategie" dargestellt werden.

3.2 Die Amuse-Gueule-Strategie

Wie kann ich den Gesundheitsverweigerer motivieren, über seine Gesundheit nachzudenken? Der erste Kontakt eines nicht gesundheitsaffinen Menschen mit einem Angebot des Betrieblichen Gesundheitsmanagements ist entscheidend für den weiteren Erfolg und daher ein Lei(d)tmotiv vieler Gesundheitsmanager. Denn nur wenn dieser Erstkontakt positiv verläuft, können weitere Strategien zur Sensibilisierung erfolgreich ansetzen. Der nun folgende Abschnitt beschäftigt sich daher mit Verfahren, die Unternehmen für einen solchen Erstkontakt im BGM verwenden, und bündelt die unterschiedlichen Ansätze unter dem Begriff Amuse-Gueule-Strategie. Denn ähnlich wie in der Gastronomie der „Gruß aus der Küche" haben all diese Ansätze gemeinsam, dass sie Appetit machen sollen auf mehr.

3.2.1 Der theoretische Ansatz

Zunächst einmal stellt sich die Frage, welche Kriterien erfüllt werden müssen, um einen optimalen Motivationseffekt bei einem Mitarbeiter auszulösen. Das klassische und in der Werbepsychologie nach wie vor stark präsente AIDA-Werbewirksamkeitsprinzip nennt hier vier Phasen, die durchlaufen werden müssen. Zunächst einmal muss die Aufmerksamkeit (Attention) der Zielperson geweckt werden, bevor Interesse (Interest) und bestimmte Wünsche (Desire) ausgelöst werden, damit es zu einer bestimmten Handlung (Action) kommt (vgl. Springer Gabler Verlag 2016, Abb. 3.2). Später wurde das Prinzip noch um zwei weitere Komponenten erweitert. Zum einen wurde hier die Phase der Befriedigung (Satisfaction) nach der Handlung sowie die Überzeugung von anderen (Conviction) als Meinungsmacher in dem erweiterten AIDCAS-Modell einbezogen (vgl. Springer Gabler Verlag 2016). Gerade die Überzeugung hat vor allem dann einen starken Einfluss, wenn die entsprechende Zielperson keine oder nur wenig Erfahrungen mit dem kommunizierten Gegenstand hat. Zwar wurden diese Modelle in der Wissenschaft unter anderem aufgrund ihrer zu stark wegen ihres mittlerweile in

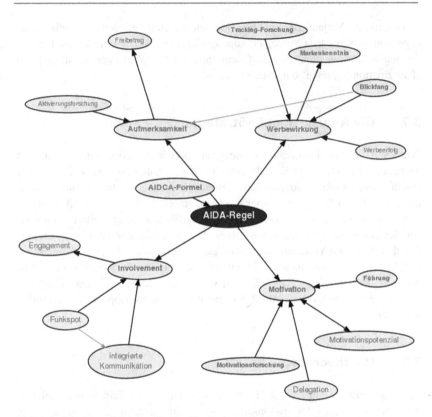

Abb. 3.2　Mindmap AIDA-Regel. (Quelle: Springer Gabler Verlag 2016)

den Kommunikationswissenschaften überholten Reiz-Reaktions-Ansatzes kritisiert, jedoch liefern sie einige entscheidende Bedingungen für die Grundbausteine des Gesundheitsmanagements. Denn bereits bei der 1986 veröffentlichten Ottawa-Charta wurde die Orientierung an die Interessen und die Wünsche der Mitarbeiter als eine der obersten Leitlinien der Gesundheitsförderung deklariert (vgl. WHO 1986). Auch bei dem aktuellen Präventionsgesetz, welches seit dem 1. Januar 2016 in Kraft ist, wird eine Orientierung an den Mitarbeiterinteressen (Interest) bzw. Bedürfnissen (Desire) für alle Maßnahmen der Gesundheitsförderung als Pflichtkriterium vorgegeben (vgl. Bundesministerium für Gesundheit 2015).

Ein weiterer wesentlicher Aspekt, welcher für die erfolgreiche Sensibilisierung im Betrieblichen Gesundheitsmanagement eine Rolle spielt, ist die sozialkognitive Theorie der Selbstwirksamkeit. Hierbei geht es unter anderem darum, dass sich ein selbstbezogenes Verhalten dann positiv ändern wird, wenn die entsprechende Person eine positive Selbsterfahrung durch ihr eigenes Handeln empfindet (vgl. Bandura 2000).

Zusammengefasst lässt sich festhalten, dass eine Sensibilisierungsstrategie im Betrieblichen Gesundheitsmanagement folgende vier Elemente enthalten muss:

1. Sie muss etwas bieten, das Aufmerksamkeit erregt und neugierig macht.
2. Sie muss mit den konkreten Bedürfnissen der Mitarbeiter übereinstimmen.
3. Sie muss eine konkrete positive Selbsterfahrung bieten.
4. Sie muss nicht nur Einzelpersonen ansprechen, sondern auch deren Umfeld einbinden.

3.2.2 Die praktische Umsetzung

Nachdem der theoretische Anspruch nun definiert ist, stellt sich die Frage, wie dieser umzusetzen ist. Dabei lässt sich einmal festhalten, dass die Strategie grob in drei Phasen unterteilt werden kann. Zunächst einmal muss in einer Selektionsphase die entsprechende passende Maßnahme bzw. Aktion gewählt werden. Dann muss diese richtig an die Belegschaft kommuniziert werden (Initialkommunikationsphase), bevor im Anschluss eine positive Selbsterfahrung und eine entsprechend angeschlossene Kommunikation erfolgt (Distributionsphase).

Im Folgenden werden diese unterschiedlichen Phasen anhand konkreter Unternehmensbeispiele bei Thyssen Krupp Steel Europe, der Gothaer sowie der Bundespolizei dargestellt.

Phase 1: Selektion
Zunächst einmal gilt es, eine entsprechende Maßnahme auszuwählen, welche bei den Mitarbeitern Interesse und Neugier weckt. Hierzu ist grundsätzlich einmal zu beachten, dass wir bei einem nicht gesundheitsaffinen Mitarbeiter davon ausgehen müssen, dass eine intrinsische Motivation bezüglich des Themas Gesundheit nicht existiert. Wäre es so, dann würde der Mitarbeiter sich im Alltag bereits gesundheitsförderlich verhalten. Daher ist davon auszugehen, dass der primäre Motivationsimpuls von extrinsischer Seite erfolgen muss. Dies bedeutet, dass ein konkreter Nutzen in Relation zu einem möglichst geringen Aufwand, bei am besten noch gleichzeitiger Akzeptanz durch die Kollegen, hier den größten Erfolg verspricht (vgl. Scheffer und Kuhl 2006, S. 13). Hierzu existieren exemplarisch folgende Praxisbeispiele:

Die Gesundheitswoche bei dem Gothaer Konzern

Das Versicherungsunternehmen Gothaer veranstaltet an seinem Hauptstandort jedes Jahr eine sogenannte Gesundheitswoche. Dabei handelt es sich um fünf aufeinanderfolgende Gesundheitstage. Jeder Gesundheitstag thematisiert einen anderen Schwerpunkt im Bereich Gesundheitsmanagement. Um hier die nötige Aufmerksamkeit zu generieren, wurden zum einen möglichst viele Möglichkeiten von Selbsttests und Check-ups und zum anderen gezielt Highlights durch das Platzieren von prominenten BGM-Botschaftern geschaffen. So wurde zum Beispiel aus unterschiedlichen Mitarbeiterbewerbungen der gesündeste und fitteste Mitarbeiter der Gothaer gesucht, der dann gegen Joey Kelly im Wettbewerb antrat. Auf diese Weise wurde ein Sensationseffekt erzielt, welcher auch weniger gesundheitsaffine Mitarbeiter über die Prinzipien der extrinsischen Motivation zur Teilnahme an dem Gesundheitstag ermutigte und dann in Kombination mit niedrigschwelligen Angeboten zum Testen zu dem gewünschten Sensibilisierungseffekt führte. Viele Krankenkassen und andere Dienstleister im BGM haben mittlerweile prominente Gesundheitsbotschafter unter Vertrag, welche auf Rückfrage auch bei Gesundheitsaktionen, wie zum Beispiel bei einem Gesundheitstag oder einer Gesundheitswoche, erscheinen.

Die Gesundheitsschicht bei Thyssen Krupp Steel Europe

Nicht immer ist es in der betrieblichen Praxis möglich, einen Gesundheitstag oder sogar eine gesamte Gesundheitswoche zur Sensibilisierung zu nutzen. Gründe dafür sind zum Beispiel der benötigte zeitliche Aufwand, die dezentrale Verteilung der Belegschaft oder aber die Arbeitszeiten aufgrund von Schichtbetrieben. Eine praktikable Alternative stellt daher eine Gesundheitsschicht dar, wie sie von Thyssen Krupp durchgeführt wird. Die Idee bei der Gesundheitsschicht ist es, möglichst nahe am Arbeitsplatz bei unterschiedlichen Abteilungen kleine, auf die Bedürfnisse der entsprechenden Mitarbeitergruppe zugeschnittene Angebote zu liefern, welche dann auch individuell gebucht werden können. Diese sind entsprechend weniger aufwendig inszeniert, wodurch der Sensationseffekt in den Hintergrund tritt. Stattdessen werden das Interesse und die Aufmerksamkeit gezielt durch das arbeitsplatznahe Angebot sowie den damit verbundenen niedrigschwelligen Einstieg zum Thema Gesundheit geschaffen. Wichtig war es auch hier, dass die Angebote vom Mitarbeiter nicht nur genutzt wurden, sondern dass sie auch als nützlich und praktikabel für den Alltag erachtet wurden. Thyssen Krupp Steel Europe konnte mit dieser Strategie erfolgreich Mitarbeitergruppen ansprechen, welche mit dem klassischen Gesundheitstag nicht erreicht werden konnten.

Projekt „Nachhaltige Sensibilisierung" bei der Bundespolizei

Gesundheitstage bzw. -wochen oder Gesundheitsschichten stellen zwei mögliche Sensibilisierungsplattformen für die hier aufgeführte Strategie dar. Allerdings hängt die Qualität selbiger stark von den bei diesen Veranstaltungen angebotenen Aktionen und damit meist von der Bereitschaft der Kooperationspartner ab, diese anzubieten. Eine alternative Möglichkeit stellen dabei Aktionen wie zum Beispiel das Projekt „Nachhaltige Sensibilisierung" dar, welches in Kooperation mit der bKK Mobil Oil, der Hochschule Bonn Rhein Sieg und der brainLight GmbH durchgeführt wurde. Neben 24 anderen Institutionen wurde der Bundespolizei kostenfrei ermöglicht, drei Monate lang audiovisuelle Entspannungssysteme einzusetzen. Diese Systeme führen nachweislich nach bereits wenigen Minuten zu einem spürbaren Entspannungseffekt (vgl. Ghadiri 2014) bei gleichzeitig sehr geringem persönlichen Aufwand, da man sich lediglich wenige Minuten in einen Sessel setzen, Kopfhörer und Brille aufziehen und zwei Tasten drücken muss. Am Ende des Projekts erfolgt dann eine Messung der tatsächlichen Wirkung mithilfe eines Fragebogens. Durch die Kombination eines nach neurowissenschaftlichen Erkenntnissen (vgl. Ghadiri 2014) wirksamen Instruments, welches zunächst nur für einen begrenzten Zeitraum erhältlich ist, mit dem gleichzeitig niedrigschwelligen Zugang wurden hier mit für die Bundespolizei geringen zeitlichen sowie materiellen Aufwendungen ebenfalls Aufmerksamkeit und Interesse bei den Mitarbeitern geweckt.

Phase 2: Initialkommunikation

Die Auswahl der Maßnahme ist entscheidend für den Erfolg der Amuse-Gueule -Strategie. Allerdings reicht die reine Auswahl der Maßnahme noch nicht aus. Grund dafür ist die alte Weisheit, dass sich viele Menschen leider erst mit Gesundheit beschäftigen, wenn sie krank sind (vgl. Sneberger 2016). Betriebliche Gesundheit ist also – so seltsam es sich vielleicht anhören mag, da es sich dabei um etwas Gutes für den Mitarbeiter handelt – eine erklärungsbedürftige Dienstleistung. Die eigene Arbeit bzw. das Arbeitsumfeld spielen eine entscheidende Rolle im Wertesystem der meisten Menschen (vgl. Rosenstiel 2001), und Betriebliches Gesundheitsmanagement hat bekanntermaßen die Aufgabe, genau hier helfend zu wirken. Allerdings ist diese Tatsache gerade weniger gesundheitsaffinen Mitarbeitern nicht bewusst. Betriebliches Gesundheitsmanagement wird daher nicht selten als ein unnötiger zusätzlicher Ballast empfunden, welcher mit der eigentlichen Arbeit nichts zu tun hat. Daher ist es von entscheidender Bedeutung, die entsprechenden Aktionen und Maßnahmen mit einer entsprechenden Initialkommunikation funktionell in die betriebliche Welt der Mitarbeiter einzubauen.

Bei den hier behandelten Beispielen wurde dies jeweils auf unterschiedliche Weise umgesetzt. Bei der Gesundheitswoche der Gothaer zum Beispiel wurden die jeweiligen Themenschwerpunkte eines jeden Tages direkt mit der Bedeutung der entsprechenden Bereiche der Verhaltensprävention für den Arbeitsalltag verknüpft. Bei der Gesundheitsschicht wurde dies sogar noch durch arbeitsplatzbezogene Maßnahmen direkt verdeutlicht.

Einen besonderen Weg ging man bei dem Projekt „Nachhaltige Sensibilisierung". Auch hier war einigen Polizeibeamten zunächst nicht klar, welchen Mehrwert eine Kombination aus Massage, Brille und Kopfhörer für ihren (Arbeits-) Alltag bieten sollte. Deswegen wurde bei der Einführungsveranstaltung explizit dargestellt, welche Funktion verhaltensbezogene Präventionsmaßnahmen und Maßnahmen der Gesundheitsförderung auf den Alltag haben. Denn neben ggf. abstellbaren Stressfaktoren im Polizeialltag wird es auch immer Faktoren geben, welche man nicht beseitigen kann. Hierzu zählen zum Beispiel der Umgang mit Kriminellen und die damit verbundenen Gefahren und Beanspruchungen, welche man vielleicht auch in seinen Feierabend mitnimmt. Stress ist bekanntermaßen eine körperliche Reaktion. Die in dem Projekt vorgestellte Maßnahme stellt wiederum eine wissenschaftlich belegte Möglichkeit dar, diese körperlichen Stresserscheinungen auf Knopfdruck in wenigen Minuten abzustellen, was wiederum dazu führt, dass die Person mehr Energie für ihre eigentliche Regenerationszeit, den Feierabend, erhält.

In allen Fällen wurden diese Botschaften den Mitarbeitern über das Mittel der direkten Kommunikation nähergebracht.

Phase 3: Distribution

Nachdem die Maßnahme ausgewählt wurde und die Initialbotschaft gesetzt ist, erfolgt die Phase der Selbstwahrnehmung, bei der es gilt, die geäußerte Behauptung zu überprüfen. Hier entscheidet sich nun, wie gut die letzten beiden Phasen umgesetzt wurden. Wurde alles richtig gemacht, tritt in dieser Phase die tatsächliche Aktion ein, welche zu einem befriedigenden Ergebnis führt. Selbstwahrnehmung ist hier der Schlüssel zum Erfolg. Der Mitarbeiter nutzt das entsprechende Angebot und nimmt eine positive Veränderung wahr. Durch die entsprechend richtig gesetzte Initialkommunikation wird diese Wahrnehmung dann positiv mit dem konkreten Nutzen für die Person verknüpft.

An dieser Stelle wurde also ein erster Sensibilisierungseffekt unter den Mitarbeitern geschaffen. Um diesen noch zu verstärken, ist es im nächsten Schritt wichtig, die wahrgenommenen positiven Effekte weiter zu streuen. Hierdurch wird der in der extrinsischen Motivation bedeutsame Faktor der Bestätigung durch andere, welcher im AIDCAS-Modell die Phase „Conviction" darstellt, genutzt. Konkret bedeutet dies, dass Gesundheitsmanager nun die positiv wahrgenommenen Eindrücke kommunikativ breit streuen müssen, damit Mitarbeiter von anderen Mitarbeitern hören, welche Mehrwerte das Betriebliche Gesundheitsmanagement schaffen kann. Das kann zunächst natürlich über den direkten Kontakt von Mitarbeitern geschehen, sollte aber je nach Unternehmensgröße von anderen Hilfsmitteln begleitet werden.

So setzt die Gothaer zum Beispiel gezielt Interviews und Erlebnisberichte über Newsletter, Intranet und sogar ein firmeneigenes Gesundheits-TV um. Im Falle der Bundespolizei erhält die Institution wiederum eine wissenschaftliche Auswertung mit den konkreten Mehrwerten, welche dann über unterschiedliche Kommunikationskanäle an die gesamte Belegschaft gespiegelt werden.

Wie die Abb. 3.3 verdeutlicht, schaffen Unternehmen durch die hier als „Amuse-Geule"-Strategie bezeichnete Vorgehensweise einen ersten Sensibilisierungseffekt. Allerdings ist dies nur der erste Schritt zu einer nachhaltigen intrinsischen Motivation. Als Nächstes muss Kontinuität geschaffen werden, um die Sensibilisierung zu einer echten Verhaltensanpassung werden zu lassen. Hierfür bieten sich unterschiedliche Kommunikationsstrategien an, welche im Folgenden beschrieben werden. Dabei ist zu beachten, dass die Strategien nicht chronologisch ablaufen müssen, sondern sich auch überschneiden und ergänzen können.

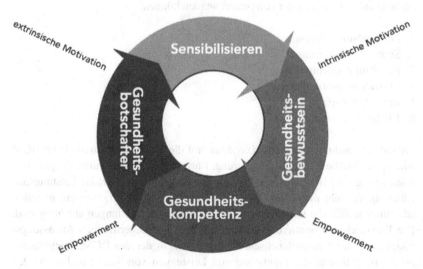

Abb. 3.3 Entwicklung von Gesundheitskompetenz. (Quelle: Brainlight 2016a, bearbeitet)

3.3   Die Wettbewerbsstrategie

Eine Möglichkeit, die Motivation nach einer erfolgreichen ersten Sensibilisierung aufzubauen, ist, über das Prinzip des Wettkampfes zu gehen. Dieser Ansatz und die entsprechenden Vorgehensweisen sollen im Folgenden unter dem Begriff „Wettbewerbsstrategie" zusammengefasst und beschrieben werden. Anschließend werden konkrete Beispiele aus der Praxis für die Themengebiete Bewegung, Ernährung und psychische Gesundheit aufgeführt.

3.3.1   Der theoretische Ansatz

Unter Wettbewerb versteht man „etwas, woran mehrere Personen im Rahmen einer ganz bestimmten Aufgabenstellung, Zielsetzung in dem Bestreben teilnehmen, die beste Leistung zu erzielen und Sieger zu werden."

Bezogen auf Unternehmen bedeutet dies, dass Mitarbeiter und Führungskräfte in Teams oder einzeln gegeneinander antreten und verschiedene Aufgaben und Zielsetzungen in ihrem Unternehmen umsetzen.

Der Ansatz beruht auf dem Anreizsystem, dessen zentrales Merkmal die Steuerungswirkung ist. Diese ergibt sich aus den Zielen, auf die das System gerichtet ist. Man kann zwischen sechs grundlegenden Ausrichtungen unterscheiden, die unterschiedlich miteinander kombiniert werden können.

1. Leistungsorientierung
2. Strategieorientierung
3. Flexibilitätsorientierung
4. Entwicklungsorientierung
5. Integrationsorientierung
6. Bindungsorientierung

Für die Anwendung dieser Anreizsysteme auf die Wettbewerbsstrategie im BGM sind vor allem die Leistungsorientierung, Entwicklungsorientierung, Integrationsorientierung und Bindungsorientierung von Bedeutung. Unter der Leistungsorientierung versteht man einen hohen Anteil an variablen Vergütungen, materiell oder immateriell, die vor allem von den individuellen Leistungen abhängig sind. Die Entwicklungsorientierung befasst sich mit der längerfristigen Anpassungsfähigkeit in der Unternehmensentwicklung bzw. in der des BGM. Integrationsorientierung fördert die Ergebnisse und Leistungen von Teams und stärkt den

Zusammenhalt. Dies verstärkt die Gewinnbeteiligung, die nicht nach individuellen Leistungen differenziert. Das Commitment der Mitarbeiter erreicht das Unternehmen durch den Ansatz der Bindungsorientierung. Dieser minimiert Fehlzeiten und reduziert ungeplante Fluktuation.

Die Wettbewerbsstrategie unterstützt wie alle Strategien im Unternehmen das oberste Ziel eines Unternehmens: Hier kann bei den gewinnorientierten Unternehmen die Selbsterhaltung genannt werden. Das Unternehmen möchte am Markt bestehen bleiben. Dafür sind die Liquidität, Rentabilität und das Wachstum von Bedeutung. Dies gelingt nur mit motivierten Mitarbeitern, die unter anderem durch Wettbewerbe Anreize erhalten und somit ihre Gesundheit aktiv erhalten sollen. Für die Umsetzung einer Wettbewerbsstrategie können folgende Schritte angewendet werden:

- Planen: Im ersten Schritt muss sich das Unternehmen überlegen, welche Ziele es mit dem Wettbewerb erreichen will. Dies kann zum einen eine bestimmte Leistung sein, die die Mitarbeiter erreichen sollen, oder auch eine Innovation im BGM-Bereich. Hierzu muss ein Plan über die Vorgehensweise zur Erreichung der Ziele erstellt werden.
- Festlegen von Verantwortlichkeiten: Ein wichtiger Punkt ist, dass genau festgelegt wird, wer während des Wettbewerbs wofür verantwortlich ist. Weiterhin muss ein Ansprechpartner für die Teilnehmer während des Wettbewerbs angegeben werden.
- Teilnehmerkreis und Anreizmittel: Im nächsten Schritt wird der Teilnehmerkreis festgelegt. Es wird entschieden, ob der Wettbewerb im gesamten Unternehmen oder nur in einigen Abteilungen/Teams stattfindet. Abhängig vom Teilnehmerkreis muss dann auch das entsprechende Anreizmittel festgelegt werden.
- Kommunikation: Ebenfalls von Bedeutung ist die Kommunikation des Wettbewerbs an die Mitarbeiter und dass diese das Ziel leicht erfassen können. Je genauer das geschieht, umso höher ist die Motivation bei der Teilnahme. Hier sollten auch der Zeitraum des Wettbewerbs und die festgelegten Termine mitgeteilt werden.
- Entscheidungsfindung: Vor allem wenn es um den Aspekt der Innovationen geht, ist der Entscheidungsprozess strategisch wichtig. Bei einem Wettbewerb, in dem es um die Leistung oder Qualität geht, die messbar ist, ist die Auswertung der Ergebnisse schneller möglich. Bei Innovationen müssen die besten Ideen bewertet werden.

Der Wettbewerb lässt sich nach folgenden Kategorien aufteilen:

- schöpferische Bestleistung,
- eine Bestleistung,
- überdurchschnittliche Ideen und Leistungen und
- Anreize für eine besondere Aufgabenstellung.

Bei der schöpferischen Bestleistung werden die Mitarbeiter motiviert, eigene Ideen bezogen auf das BGM einzubringen. Dies kann zum gesamten BGM-System sein oder in einzelnen Bereichen. Häufig werden hier nützliche Veränderungsideen oder innovative Ergänzungen/Neuerungen der Mitarbeiter vom Unternehmen honoriert. Eine Bestleistung kann in vielen Bereichen des BGMs erreicht werden. Sportliche Bestleistungen sind mit am einfachsten zu erfassen und zu belohnen. Im nachfolgenden Praxisteil werden dazu Beispiele erläutert. Überdurchschnittliche Ideen und Leistungen können zum Beispiel bei der Verbesserung der Umsetzung des BGMs eingebracht werden. Mitarbeiter und Führungskräfte schlagen vor, in welchen Bereichen optimiert und wie dies umgesetzt werden kann. Anreize für eine besondere Aufgabenstellung können bei speziellen Problemen gegeben werden. Wenn ein bestimmter Bereich im BGM Komplikationen bereitet, werden die Angestellten in einem Wettbewerb darauf angesetzt, eine Lösung zu finden.

3.3.2   Vorteile von Wettbewerb, Evaluation und Ranking

In diesem Abschnitt werden die Vorteile von Wettbewerb, Evaluation und Ranking erläutert. Man kann zwischen einem informationellen Aspekt und motivatonalen Aspekt unterscheiden. Bei dem informationellen Aspekt geht es um die Rückmeldung. Die Teilnehmer erkennen Leistungsunterschiede zu anderen Personen, Gruppen oder Organisationen. Es wird klar, wo sie im Vergleich stehen. Bezogen auf den motivatonalen Aspekt entsteht eine Motivation, sich zu verbessern. Man strengt sich an, um nicht der Verlierer zu sein. Faktoren wie die Furcht vor Misserfolg, positive Selbstdarstellung und Selbstwerterhöhung finden Beachtung. Die Mitarbeiter strengen sich an, um möglichst positiv dazustehen und Erfolg zu haben. Es wird versucht, von den Besten zu lernen. Dies folgt der Theorie des Best Practice und bewirkt, dass ein Lerneffekt entsteht. Der Versuch, die Diskrepanz zum Besten zu reduzieren, stammt aus der Theorie der sozialen Identität (Tajfel und Turner 1986). Durch eine angeregte Diskussion werden wichtige und unwichtige Kriterien für Erfolg und Nichterfolg dargelegt und schaffen somit

Vergleichskriterien, welche eine Auseinandersetzung mit dem Thema bewirken. Dies ist vor allem bei der individuellen Gesundheitskompetenz von Bedeutung. Die Steigerung jedes Einzelnen funktioniert, wenn er sich mit seiner Leistung identifizieren kann und sie öffentlich ist. Die Beobachtung bewirkt weiterhin, dass man sich mehr anstrengt (Social-Facilitation-Ansatz). Ein weiterer wichtiger Punkt ist die eigene Reflexion über Kernkompetenzen, Standards und Ziele.

Die Wettbewerbsstrategie ist sowohl in der betrieblichen Gesundheitsförderung als auch im übergeordneten Betrieblichen Gesundheitsmanagement anwendbar. Das Ziel der Unternehmen ist es, durch die Anwendung der Wettbewerbsstrategie die extrinsische Motivation in eine intrinsische Motivation umzuwandeln. Sie lässt sich aus der Zielsetzungstheorie von Locke und Latham (1990) herleiten. Diese sagt aus, dass quantifizierbare Ziele und damit Wettbewerb für das Verhalten des Menschen von richtungsweisender Natur sind. Es ist daher von Bedeutung, eine hohe Exaktheit bei der Zieldarstellung aufzuzeigen. Dies steigert die Effizienz beim Wettbewerb. Zielakzeptanz und Commitment sind weitere zwei Aspekte, die von hoher Wichtigkeit sind. Die Zielsetzungstheorie besagt, dass schwierige und herausfordernde Ziele stärker motivieren als einfache oder moderate Zielen (vgl. Scheffer und Kuhl 2006, S. 23).

3.3.3 Die praktische Umsetzung

In der Praxis wird die Wettbewerbsstrategie in unterschiedlichen Themengebieten anwendbar: Bewegung, Ernährung und psychische Gesundheit. Das primäre Ziel ist das Generieren eines Anreizes durch Wettbewerbe.

Bewegung
Zunächst einmal soll der Bereich der Bewegung betrachtet werden. Eine gute und praxiserprobte Methode ist hierbei der Schrittzählerwettbewerb. Dieses Konzept ist sehr gut geeignet, um Mitarbeiter zu erreichen, die nicht ohnehin schon körperlich aktiv sind.

Das Konzept beruht auf der Empfehlung der Weltgesundheitsorganisation, jeden Tag etwa 10.000 Schritte zu gehen. Das bedeutet ca. 30 min zusätzliche körperliche Aktivität pro Tag.

Das Unternehmen setzt einen Zeitraum an, in dem jeder Mitarbeiter seine Schritte zählt (https://www.tappa.de). Eine gute Zeitspanne für einen Wettbewerb sind sechs Wochen. So behält das Angebot seinen Reiz, und die Mitarbeiter sind über den gesamten Zeitraum motiviert bei der Sache. Wichtig bei der Durchführung eines solchen Wettbewerbs sind eine strukturierte Vorgehensweise und die richtige Kommunikation an die Mitarbeiter. Nur so ist gewährleistet, dass alle informiert und motiviert mitmachen. Sinnvoll ist somit, zuerst den Schrittzähler-wettbewerb auf einer Mitarbeiterversammlung anzukündigen und anschließend eine Rundmail zu verschicken, die eine Zusammenfassung wiedergibt. Inhaltlich wird die Aktion so gestaltet, dass jeder einen Schrittzähler von dem Unternehmen zur Verfügung gestellt bekommt. Diese können häufig günstig erworben oder sogar als Werbegeschenk erhalten werden. Eine weitere Möglichkeit ist, dass sich jeder Mitarbeiter eine entsprechende App auf sein Smartphone herunterlädt.

Wenn jeder ausgestattet ist, beginnt der Wettbewerb an dem vorher festgelegten Zeitpunkt. Es geht zum einen darum, welches Team oder welche Abteilung die meisten Schritte in sechs Wochen schafft, und zusätzlich gibt es auch eine Einzelkämpferauswertung. Dies hat den Vorteil, dass das Team durch die gemeinsame Herausforderung gestärkt wird und zum anderen jeder für sich den Ehrgeiz hat, in der Gesamtauswertung in der Tabelle nicht zu weit unten zu stehen.

Der Schrittzählerwettbewerb bei der Kreissparkasse Köln
In der Kreissparkasse Köln (Abb. 3.4), in der diese Aktion regelmäßig ausgeführt wird, wurden auch schon Meetings während eines Spaziergangs durchgeführt um möglichst viele Schritte zusammenzubekommen. So fördert der Schrittzählerwettbewerb nicht nur die Bewegung und körperliche Fitness, sondern auch die Kreativität.

Abb. 3.4 Gehwettbewerb. (Quelle: Schmitz 2012)

Wie bereits erwähnt, ergibt es wenig Sinn, eine solche Aktion über zwei Monate durchzuführen. Erfolgreicher ist es dann, eine solche Aktion öfter, zum Beispiel jährlich, durchzuführen. Für die meisten wird der Anreiz, mit ihrem Team oder der Abteilung zu gewinnen, reichen, um aktiv mitzumachen. Auch der gegenseitige Ansporn hat eine große Bedeutung. Zusätzlich kann das Unternehmen für die besten Teams und Einzelkämpfer Preise verteilen oder sie mit Urkunden ehren. Findet der Schrittzählerwettbewerb regelmäßig statt, kann auch ein Wanderpokal eingeführt werden. Die Preise sollten immer einen Bezug zu der Abteilung und dem Ziel der Aktion haben. So kann als Preis zum Beispiel ein gesundes Abteilungsfrühstück organisiert werden oder ein kostenloses Fitnesstraining für das Team. Die Belohnung für den Einzelkämpfer könnten Büchergutscheine zum Thema Gesundheit sein.

Ernährung

Die Kocholympiade im Kreis Lippe

Auch im Themenbereich der Ernährung ist die Wettbewerbsstrategie anwendbar. Eine Möglichkeit ist hierbei zum Beispiel das Angebot eines Workshops zum Wettkochen. Jedes Team bekommt im Vorfeld die Aufgabe, sich Gedanken über ein gesundes und leckeres Gericht zu machen. Dabei ist es sinnvoll, den maximalen Fett-, Zucker- und Kaloriengehalt schon vorher festzulegen. Am Wettbewerbstag treten dann mehrere Teams von –drei bis vier Personen gegeneinander an. Jede Gruppe kocht ihr vorbereitetes Gericht. Die Zeit sollte vorgegeben sein, damit jedes Team zur gleichen Zeit fertig ist und jeder die Gerichte warm probieren kann. Falls die Zeit stark überzogen wird, werden hier Minuspunkte angerechnet. Anschließend bewertet jeder Einzelne die Gerichte der anderen. Das Team mit der besten Bewertung gewinnt.

Nach diesem Prinzip hat der Kreis Lippe 2016 die 7. Kocholympiade durchgeführt. Es traten acht Unternehmen gegeneinander an. Bei der Olympiade wurden der Geschmack der Speisen, die optische Präsentation, die Originalität der Gerichte, die Arbeitsteilung und auch die Stimmung im Team bewertet. Die Ergebnisse wurden von einer unabhängigen Jury aus Experten und Amateuren bewertet.

Da manche Unternehmen keine große Küche mit mehreren Herdplatten zur Verfügung haben, werden andere Methoden zur Wettbewerbsstrategie im Bereich der Ernährung angewendet. In diesem Fall wird der Wettbewerb zunächst abteilungsintern organisiert. Die Abteilungsleiter sind die Verantwortlichen, die dafür sorgen, dass die Aktion angestoßen wird. Wöchentlich organisiert je ein Mitarbeiter das Mittagessen für das gesamte Team. Wichtig ist, dass es ein gesundes Mittagessen ist und am besten aus Biolebensmitteln gekocht ist. Die Bekochten bewerten das Essen, und es wird ein Rating aufgestellt. Nachdem jeder einmal für die Abteilung gekocht hat, wird der Mitarbeiter mit den besten Ergebnissen ausgezeichnet und bekommt zum Beispiel einen Gutschein von einem Biosupermarkt. Diese Aktion hat den Vorteil, dass sie auch gleich mit dem wöchentlichen Teammeeting verbunden werden kann und Abwechslung in den Arbeitsalltag bringt. Falls das Unternehmen sehr klein ist, kann es auch für das gesamte Unternehmen durchgeführt werden. Im Anschluss kann ein Kochbuch erstellt werden, in dem jeder das gekochte Rezept mit persönlichen Tipps und Notizen festhält. Gegebenenfalls kann auch eine Hintergrundgeschichte aufgenommen werden, beispielsweise woher der Mitarbeiter das Rezept hat. Dies ist dann eine schöne Erinnerung und Grundlage für jeden Einzelnen, sich öfter mit gesunden Rezepten auseinanderzusetzen.

Psychische Gesundheit – Die Entspannungs-Challenge
Auch Entspannung kann im Unternehmen durch die Einführung eines Wettbewerbs gefördert werden, zum Beispiel durch die Einführung von audiovisuellen Entspannungssystemen (Abb. 3.5).

Bei einer Auftaktveranstaltung werden die Systeme vorgestellt, und den Mitarbeitern wird vermittelt, wie wichtig es ist, Entspannung in ihren Arbeitsalltag einzubauen. Anschließend wird der Wettbewerb vorgestellt. Über sechs Wochen notiert sich jeder die durchgeführten Sessions. Hierbei spielt auch die Länge der durchgeführten Entspannungseinheit eine Rolle. Am Ende wird dies ausgewertet,

Abb. 3.5 Audiovisuelle Entspannungssysteme im Einsatz. (Quelle: Brainlight 2016b)

und der Mitarbeiter, der insgesamt am längsten entspannt hat, ist der Entspannungskönig.

Eine zweite Möglichkeit ist es, die Zahl der Sessions und deren Länge festzulegen und hierzu eine entsprechende Belohnung festzulegen. Realistische Zahlen sind hierfür zehn Sessions pro Monat mit einer Länge von mindestens 20 min. Erfasst werden können die Zeiten, indem sich jeder Mitarbeiter bei der Nutzung in einen speziellen Kalender hierfür eintragen muss und nach der Session ein kurzes Feedback online ausfüllt, wie die Session war. Um die Kommunikation zu stärken, können die Feedbacks zwischen den Mitarbeitern auch online ausgetauscht werden und so auch Programmempfehlungen weitergegeben werden. Dieser Wettbewerb sollte über einen Zeitraum von drei Monaten stattfinden, damit die Mitarbeiter für das System sensibilisiert werden und den positiven Effekt wahrnehmen. Nach den drei Monaten wird die durchschnittliche Nutzung berechnet. Als Belohnung kann man dann anschließend dem Mitarbeiter mit den meisten Nutzungen zum Beispiel einen Gutschein für ein Wellnesswochenende schenken.

Zusammengefasst lässt sich festhalten, dass die Wettbewerbsstrategie eine Möglichkeit ist, über extrinsische Motivationsmechanismen die Brücke zu intrinsisch motiviertem Gesundheitsverhalten aufzubauen. Eine weitere Möglichkeit, die auch eine intrinsische Komponente (Gefallen) einbindet, ist die sogenannte Partizipationsstrategie, welche im Folgenden beschrieben wird.

3.4 Die Partizipationsstrategie

Welche Faktoren sind entscheidend für die Gesundheit der Mitarbeiter? Fragt man die Betroffenen eines Unternehmens bezüglich ihrer Mitarbeiterzufriedenheit, so lässt sich eine Korrelation zwischen den Arbeitsbedingungen und der Mitarbeitergesundheit feststellen. Die Beteiligten leiden weniger an psychosomatischen Beschwerden, je besser die Arbeitsbedingungen im Unternehmen wahrgenommen und bewertet werden. Darunter fallen oft Aussagen wie Partizipationsmöglichkeiten, Sinnhaftigkeit der Aufgabe, Zufriedenheit mit den organisatorischen Rahmenbedingungen (vgl. Kaminski 2013, S. 14), Handlungsspielraum, Aufgabenklarheit und die Qualität der Arbeitsbeziehungen (vgl. Tintor 2015, S. 63, 168).

Ein nicht zu unterschätzender Faktor ist die Partizipation, genauer gesagt der Einbezug der Zielgruppe in Entscheidungs- und Entwicklungsprozesse (Kilian et al. 2004). Unter anderen Aspekten ist Partizipation bedeutsam für Motivation und Unternehmenserfolg (vgl. Streicher und Frey 2010, S. 131) und sollte daher näher betrachtet werden.

Im Folgenden wird die Partizipationsstrategie thematisiert. Diese wird im weiteren Verlauf sowohl vom theoretischen Standpunkt als auch von der praktischen Betrachtungsweise veranschaulicht. Letzteres wird anhand von Beispielen belegt. Themenschwerpunkte werden dabei sein: die Gefährdungsbeurteilung psychischer Belastungen, die Führungskräftekulturetablierung sowie das Ideenmanagement im Betrieblichen Gesundheitsmanagement.

3.4.1 Der theoretische Ansatz

Bevor näher auf die Strategieform eingegangen wird, soll zunächst einmal die Bedeutung des Wortes „Partizipation" erläutert werden. Zu erwähnen ist, dass „Partizipation" sowohl im politischen als auch im wirtschaftlichen Kontext verwendet wird. In diesem Buch wird jedoch der Fokus auf Letzteres gelegt. Ein allgemeines Verständnis liefert das Bundesministerium für wirtschaftliche Zusammenarbeit und Entwicklung. Folgende Definition ist dabei aufgesetzt worden:

> Der Begriff Partizipation geht auf das lateinische Wort ‚particeps' (= ‚teilnehmend') zurück und steht für ‚Beteiligung', ‚Teilhabe', ‚Mitwirkung' und ‚Einbeziehung'.
> Partizipation ist ein wichtiges Gestaltungsprinzip der deutschen Entwicklungszusammenarbeit. Sie bedeutet, dass sich Menschen (Bevölkerungsgruppen, Organisationen, Verbände, Parteien) aktiv und maßgeblich an allen Entscheidungen beteiligen, die ihr Leben beeinflussen. Partizipation trägt dazu bei, dass die Zielgruppen und Partnerorganisationen der Entwicklungszusammenarbeit ihre Interessen artikulieren und durchsetzen können (Empowerment). Partizipation bedeutet außerdem, dass die Menschen ihre Erfahrungen und Wertvorstellungen in die gemeinsame Arbeit einbringen. Dadurch machen sie sich die Vorhaben zu Eigen und übernehmen die Verantwortung für ihren Erfolg (Ownership) (Bundesministerium für wirtschaftliche Zusammenarbeit und Entwicklung 2016).

Im Speziellen betrachten Räber und Oswald (2013) sowie Strauss (1998) die Partizipation in Organisationen, sowohl aus der theoretischen Sicht als auch aus dem praktischen Blickwinkel. So gehen Räber und Oswald (2013) weiter in die Tiefe, indem sie den Aspekt der Problemlösung in Unternehmen hervorheben In ihrem Artikel schreiben sie, dass Partizipation Wissen generieren und die Beteiligten motivieren würde, die gemeinsamen erarbeiteten und getragenen Lösungen auch umzusetzen. Hintergrund wäre dabei die Erwartung, dass angemessenere und praxistauglichere Problemlösungen gefunden werden können, wenn unterschiedliche Perspektiven und Wissensarten einbezogen werden. Des Weiteren würde die

Innovationskraft gestärkt und die Identifikation mit der Organisation erhöht werden.

Strauss (1998) hingegen beleuchtet den theoretischen Sachverhalt und weist auf die Partizipationsarten hin. Unter jenen Kriterien lassen sich der Partizipationsgrad, die Partizipationsebene, die personale Reichweite sowie der Formalisierungsgrad.

Nachdem nun ein allgemeines Verständnis von Partizipation geschaffen worden ist, wird im folgenden Abschnitt an das eigentliche Thema des Kapitels angeknüpft. Nach Szyperski (1981) ist die Partizipationsstrategie eine von vier Implementierungsstrategien. Die anderen drei Strategieformen nennen sich Auftragsstrategie, Marketingstrategie sowie Helping-Yourself-Strategie, diese sind jedoch für dieses Kapitel nicht relevant. Die Partizipationsstrategie lässt sich wiederum in die umfassende und die eingeschränkte Partizipation unterteilen. Während in der erstgenannten Form der Benutzer und die Systemspezialisten gemeinsam definieren und realisieren, definiert bei der eingeschränkten Partizipation entweder der Systemspezialist oder der Benutzer. Bei beiden Partizipationsstrategien realisieren die beiden Personenkreise letztendlich gemeinsam (vgl. Mülder 1984, S. 92). Alles in allem sollen die Betroffenen zu Beteiligten umfunktioniert werden. Hierbei lässt sich ein Prozess beobachten: Die Beteiligten unterbreiten ihre Kenntnisse, erlangen aber auch gleichzeitig Wissen. Das hat zur Folge, dass das Beziehungspotenzial des Netzwerkes durch die höhere Beteiligung der Mitarbeiter angeregt wird. Anschließend erhöht sich das Wissensgenerierungspotenzial, was durch die neuen Ideen und Innovationen bemerkbar ist. Ein geringerer Widerstand ist ein positiver Effekt des Prozesses. Andersherum darf jedoch ein Widerstand gegen Maßnahmen nicht ausgeschlossen werden (vgl. Rosskopf 2004, S. 239). Der Vorteil des partizipativen Vorgehens ist die Verkürzung der gesamten Problemlösungsstrecke verglichen mit der autoritären Einführungsmethode (vgl. Schwarz et al. 1999, S. 144). Das ist auf das Wissen zurückzuführen, das die Beteiligten mit einbringen (vgl. Roßkopf 2004, S. 239).

Der Hintergrund der Partizipationsstrategie ist die aktive Einbindung der Beteiligten. Denn nur so haben diese die Chance, ihre Ideen und Meinungen einzubringen und so Prozesse voranzubringen, die positive Auswirkungen haben können. Denn nur die Mitarbeiter selbst wissen bzw. können beurteilen, was ihnen fehlt und was helfen könnte, sei es die Steigerung der Motivation, die Verbesserung der Arbeitsprozesse oder anderes. Hilfe zur Selbsthilfe lautet hier das Motto, unter welchem die Aufgaben geleistet werden sollen. Im Idealfall entsteht eine Identifikation der Mitarbeiter mit dem Unternehmen und ihren Aufgaben. Sie fühlen sich als Teil einer Sache und nicht nur als Nutzer dessen. Damit wird ein Gemeinschaftsgefühl hervorgerufen (Abb. 3.6).

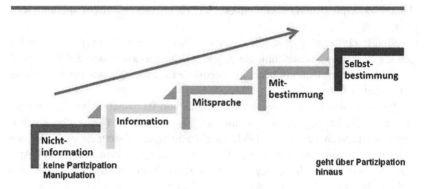

Abb. 3.6   Stufen der Partizipation. (Quelle: Sozialistischer Familienverbund 2016)

3.4.2   Die praktische Umsetzung

In der Praxis kann die Partizipationsstrategie auf verschieden Teilbereiche operationalisiert werden. Um nachvollziehen zu können, wie Partizipationsmöglichkeiten in einem Unternehmen umgesetzt werden können, sollen zum einen die
Gefährdungsbeurteilung psychischer Belastungen, zum anderen die Führungskräfteetablierung und als letztes Beispiel das Ideenmanagement im Betrieblichen
Gesundheitsmanagement als Beispiele herangezogen werden.

Partizipation an der Gefährdungsbeurteilung psychischer Belastungen
Ein kleiner Exkurs soll zunächst die Begrifflichkeit klären. Die Gefährdungsbeurteilung psychischer Belastungen ist eine gesetzliche Anforderung, die im
Paragraf 5 Arbeitsschutzgesetz festgelegt ist. Genauer handelt es sich um die
Beurteilung der Arbeitsbedingungen. So muss jeder Arbeitsplatz auf krankmachende Belastungen hin untersucht und durch die Ableitung von Maßnahmen und
Gegenmaßnahmen optimiert werden. Im September 2013 ist der Paragraf 5 dahin
gehend erweitert worden, dass Arbeitgeber verpflichtet sind, als weiteren Punkt
die Gefährdungsbeurteilung psychischer Belastungen durchzuführen und nicht
mehr nur die körperlicher Belastungen (vgl. Ahlers und Brussig 2005). Dieser
Prozess setzt schließlich auf die Untersuchung von vier Dimensionen, unter welchen der Arbeitsinhalt, die Arbeitsorganisation, die sozialen Beziehungen sowie
die Arbeitsumgebungen zu finden sind (vgl. Bundesanstalt für Arbeitsschutz und
Arbeitsmedizin 2014, S. 9). Grundsätzlich soll die Veränderung die Beschäftigten
vor Belastungen schützen, die der Arbeitsschutz bisher nicht inkludiert hat (vgl.
Ahlers und Brussig 2005).

Die Strategie der Partizipation soll nun an diesem Prozess angesetzt werden. Wie zu Beginn bereits erwähnt worden ist, kommt der Partizipation eine große Bedeutung zu. Gemeint ist sowohl die Partizipation des Unternehmens allgemein als auch die Partizipation der Beteiligten beispielsweise am Arbeits- und Gesundheitsschutz. Denn der Beitrag eines jeden Einzelnen ist essenziell, sei es in positiver oder in negativer Form. Wird dieser Sachverhalt nun auf die Gefährdungsbeurteilung psychischer Belastungen übertragen, so sollten die betroffenen Personen stets eingebunden werden, von der Planung über die Durchführung bis hin zur Evaluation der Gefährdungsbeurteilung. In der Anfangsphase kristallisiert sich nämlich heraus, wie hoch die Akzeptanz bezogen auf anstehende Projekte ist und ob sie erfolgreich sein können (vgl. Wolf et al. 2014). Das Ziel der Partizipation ist es, einen psychologischen Effekt hervorzurufen, der Gefühle des Verstanden-Werdens oder des Wichtig-Seins bei den Mitarbeitern auslöst.

Entscheidet sich ein Unternehmen dafür, die Gefährdungsbeurteilung psychischer Belastungen umzusetzen, so muss es einen Prozess durchlaufen. Zu Beginn ist es sinnvoll, eine Betriebliche-Gesundheitsmanagement-Beratung wahrzunehmen. Die Beratung ist eine erste Maßnahme, welche in den verschiedensten Formen, je nach Bedarf und Problemstellung, stattfinden kann. Nach der Beratung folgt die Bedarfsanalyse. Dabei wird eine Kombination aus quantitativen und qualitativen Verfahren gewählt. Zu den quantitativen Verfahren gehören unter anderem Fragebögen und Checklisten. Während bei diesem Instrument die psychischen Belastungen anhand konkreter Messwerte gemessen werden, werden bei dem qualitativen Verfahren tiefere Erkenntnisse über die genauen Ursachen für die Beanspruchungen bzw. Belastungen geliefert. Hierfür werden Gesundheitszirkel, Interviews oder Begehungen verwendet. Nachdem eine Auswahl getroffen worden ist, gilt es, die Mitarbeiter zu informieren und zu motivieren, an den Befragungen teilzunehmen. Hier greift bereits die Partizipationsstrategie. Über verschiedenste Instrumente wie Rundmalis, Flyer sowie Informationsversammlungen für Führungskräfte und Mitarbeiter soll die Aufmerksamkeit jener geweckt werden. Die Partizipationschancen der Beteiligten sollen nämlich bei den Analysen und Befragungen Faktoren wie die Rücklaufquoten, die Ehrlichkeit bei Aussagen und den Informationsgehalt hinsichtlich der Vollständigkeit positiv beeinflussen. Gleichzeitig bewirkt die aktive Einbindung, dass relevante Aspekte der Arbeitstätigkeit erkannt und gebraucht werden (vgl. Wolf et al. 2014).

Der nächste Schritt ist die Analyse. In einem oder mehreren Workshops, an denen Mitarbeiter und/oder Führungskräfte teilnehmen, werden die Ergebnisse aus den Befragungen präsentiert. Die Workshops dienen dazu, die Wünsche und Anregungen der Mitarbeiter in einem Workshop zu erfassen und zu systematisieren. Aus den Zirkeln heraus werden dann nach erprobten Verfahren die richtigen Maßnahmen abgeleitet, umgesetzt und evaluiert.

Auch hier hat die Partizipationsstrategie ihren Nutzen. Und zwar werden den Mitarbeitern bei der Umsetzung die vorhandenen Hemmnisse genommen, wenn sie merken, dass sie gehört und eingebunden werden. Folglich weisen die Gesundheitsinterventionen positive Ergebnisse auf und sind erfolgreicher (vgl. Wolf et al. 2014).

Vorgehensweisen dieser Art werden heutzutage von großen Unternehmen wie zum Beispiel der Steag GmbH oder aber IBM Deutschland angewendet. Mittelständler tun dies ebenfalls, jedoch wird hier teilweise direkt mit Workshops gearbeitet, da die Mitarbeiteranzahl oftmals eine Befragung überflüssig macht.

Wichtig für das Wirken der Strategie ist die Kernbotschaft der Selbstwirksamkeit. So stehen Botschaften wie „Nimm Einfluss auf das Unternehmen" und „Du hast die Möglichkeit, etwas zu ändern" im Fokus.

Partizipation an der Führungskräftekulturetablierung

Die Ausdrücke „Führungskraft" und „Etablierung" dürfen jedem ein Begriff sein. Doch was genau ist mit „Kultur" in einem Unternehmen gemeint? Kutschker und Schmid (2005) sind der Auffassung, dass „Kultur [...] die Gesamtheit der Grundannahmen, Werte, Normen, Einstellungen und Überzeugungen einer sozialen Einheit [ist], die sich in einer Vielzahl von Verhaltensweisen und Artefakten ausdrückt und sich als Antwort auf die vielfältigen Anforderungen, die an diese soziale Einheit gestellt werden, im Laufe der Zeit herausgebildet hat." Eine weitere und ältere bestehende Definition kommt von Bleicher (1993). „Unter Kultur lässt sich allgemein ein System von Wertvorstellungen, Verhaltensnormen, Denk- und Handlungsweisen verstehen, das von einem Kollektiv von Menschen erlernt und akzeptiert worden ist und bewirkt, dass sich diese Gruppe deutlich von anderen Gruppen unterscheidet." Überträgt man den Ansatz auf die Führungskräfte, so ist die zu klärende Sache, welcher Stellenwert der Führung im Handlungskodex eines Unternehmens zukommt. Denn „die Art und Weise, wie sich Führungskräfte verhalten, kann einen direkten positiven oder negativen Einfluss auf das Wohlbefinden der Beschäftigten und ihre Gesundheit haben" (Bleicher 1993). Bei der Etablierung einer Führungskräftekultur ist zu berücksichtigen, dass es sich um eine Veränderung handelt, deren Erfolg von der Einführungsphase beeinflusst wird. Wie bei der Einführung eines BGM sollen auch in diesem Fall die Mitarbeiter und Führungskräfte schon früh einbezogen und für die Themen BGM und Führungskultur gewonnen werden (vgl. Uhle und Treier 2015, S. 207, 2010 f.). Die sogenannte A-B-C-Strategie ist eine Vorgehensweise, die dabei hilft, die Maßnahmen langfristig und verbindlich im Unternehmen zu integrieren (vgl. Elke und Schwennen 2008). Die Initialen stehen dabei für Austausch, Beteiligung und Commitment.

Bevor mit dem Austausch begonnen werden kann, erfolgt im ersten Schritt der Führungskräftekulturetablierung eine Ermittlung der Ist-Situation. Die SWOT-Analyse untersucht die Stärken und Schwächen sowie die Chancen und Risiken und legt diese offen dar.

Wenn das geschehen ist, kann die Entwicklung der Führungskräftekultur beginnen. Die A-B-C-Strategie kann nun an dieser Stelle eine unterstützende Funktion einnehmen. Nicht nur die Meinung der Führungskräfte ist gefragt, sondern auch die der Mitarbeiter. Eine grundsätzliche Diskussion soll den Austausch über die Zukunftsvorstellungen bezüglich der Führung anregen. Die Führungskräfte machen ihre Pläne transparent und erkundigen sich nach den Meinungen der Mitarbeiter, womit die Akzeptanz der Teilnehmenden steigt (vgl. Uhle und Treier 2015). Anschließend werden Leitbilder entwickelt. Leitbilder sind richtungsweisende Instrumente, d. h., die Wunschvorstellungen des gemeinsamen Richtungsfeldes mitsamt der Machbarkeit werden festgehalten. Des Weiteren müssen die Art der Führung sowie die notwendigen Qualifikationen in Form eines Kriterienkataloges geklärt sein (vgl. Kimmerle 2003). An diesem Punkt darf die Beteiligung der Beschäftigten nicht vergessen werden (vgl. Uhle und Treier 2015). Denn dadurch erhöhen sich zum einen die Motivation und die Identifikation der Führungskräfte und Mitarbeiter mit den Organisationszielen, zum anderen werden die unternehmensinternen Prozesse übersichtlicher. Die Wirkung der Leitbilder wird mittels Gesetzen, Verfahrensrichtlinien, Handbüchern etc. gefestigt und bildet die Grundlage für anstehende Maßnahmen (vgl. Kimmerle 2003).

Ein Programm, das sich an den beschlossenen Leitsätzen orientiert, begleitet die Führungskräfte im dritten Schritt (vgl. Muzic 2016). Ein Grundsatz der Partizipationsstrategie ist die Abholung der Personen in leitender Stellung. Zusätzlich sollen sich die Führungskräfte mit dem Thema und den Zielen identifizieren und diese voranbringen (vgl. Uhle und Treier 2015). Beim Ergründen der Situation ist zu beachten, dass die Problemstellung als Ausgangspunkt alleine nicht ausreicht, um Entscheidungen zu treffen. Ein nicht so seltener Fall, in seiner Herangehensweise allerdings ein falscher Ansatz, ist das Organisieren von Schulungen, in denen die Fehler der Führungskräfte unter die Lupe genommen werden. Auf die Weise wird ihnen die Botschaft vermittelt, nicht gut genug zu sein bzw. noch einiges lernen zu müssen. Das führt prinzipiell zu einer konfrontativen Ablehnung. Ein Beispiel hierfür ist der klassische Vortrag. Um einen solchen Fauxpas zu vermeiden, bietet sich ein Workshop an, in dem beide Seiten, der Berater und die Führungskräfte, gemeinsam schauen, wie die Situation optimiert werden kann. Der Austausch ermöglicht es, alle relevanten Aspekte zu beachten und zu beleuchten. Die Führungskräfte fühlen sich verstanden und in ihrer Verantwortung bzw. Position ernst genommen, mit der positiven Folge, dass sie bereit sind, mehr preiszugeben.

Abschließend gilt es, die Führungskultur stets zu reflektieren und weiter auszubauen (vgl. Muzic 2016). Die Integration der Partizipationsstrategie bei der Führungskräftekulturetablierung weist, wie bereits erwähnt, einige Vorteile auf. Noch nicht eingegangen worden ist auf die Zeitersparnis, die durch die Einbindung der Beteiligten generiert wird. Es lässt sich dadurch begründen, dass das Ergebnis mit deren Einverständnis entstanden und somit keine zeitige Abänderung notwendig ist. Alles in allem wird ein positiver Effekt dahin gehend erzielt, dass der „frische Wind" Optimismus und zusätzliche Leistungsbereitschaft mit sich bringt.

Partizipation: Ideenmanagement im BGM
Als drittes und letztes Beispiel wird das Ideenmanagement herangezogen. Wie bereits aus dem Begriff erschlossen werden kann, handelt es sich um die Verwaltung von Ideen. Des Weiteren wird darunter eine Form der Beteiligung verstanden (vgl. Ulich und Wülser 2015, S. 380). Es ist ein Oberbegriff, in den Ansätze des Qualitäts- und Gesundheitsmanagements, des Vorschlagswesens und des kontinuierlichen Verbesserungsprozesses einfließen (vgl. Küfner und Genz 2008).

Hintergrund des Ideenmanagements ist die Beeinflussungs- und Gestaltungsmöglichkeit der Mitarbeiter ihrer eigenen Arbeitsprozesse. Sie fungieren dadurch als „Unternehmer im Unternehmen". Den Führungskräften kommt dabei die Rolle des Motivators zu, die die Mitarbeiter dazu veranlassen, Ideen abzugeben und bei der Umsetzung zu unterstützen (vgl. Hagedorn 2004). Zu den Aufgabenbereichen zählen mitunter die Schaffung von Voraussetzungen zur Ideenfindung, die Identifizierung von Problemen, die Einordnung von Ideen in betriebliche Zusammenhänge, die Konzeptionalisierung und Bewertung von Vorschlägen sowie die Umsetzung nützlicher Vorschläge in das betriebliche Geschehen (vgl. Frey und Schulz-Hardt 2000, S. 47 f.).

Im Speziellen unterscheidet man dabei zwischen dem internen und externen Ideenmanagement. Beim internen Ideenmanagement sind die Mitarbeiter die Zielgruppe und beim externen Kunden, Lieferanten, Stakeholder sowie Shareholder. Die Betrachtung beider Seiten garantiert ein ganzheitliches Ideenmanagement. Weiter befasst sich das interne Ideenmanagement mit der Identifikation, Aktivierung, Nutzung, Koordination und Vernetzung interner Wissens- und Ideenpotenziale, während das externe Ideenmanagement relevante externe Wissens- und Ideenquellen identifiziert, erschließt und vernetzt (vgl. Thelen 2010).

In das Ideenmanagement lässt sich auch die Partizipationsstrategie einbinden. Bezogen auf das Betriebliche Gesundheitsmanagement kann das Beispiel anhand eines Gesundheitstages veranschaulicht werden. Gesundheitstage sollen Mitarbeiter über Gesundheitsthemen informieren und dahin gehend motivieren, mehr Zeit in ihre eigene Gesundheit zu investieren. Bereits bei der Planung des Gesundheitstages kann die Partizipationsstrategie umgesetzt werden. Anhand von Befragungen sollen vonseiten der Mitarbeiter Vorschläge zu möglichen Themen unterbreitet werden. Dementsprechend kann der Gesundheitstag auf die Bedürfnisse ausgerichtet werden. So läuft der Gesundheitsmanager nicht Gefahr, dass kein Bedarf für das Thema oder kein Interesse für den Gesundheitstag besteht, wenn er die Mitarbeiter nur informiert und nicht in die Planung mit einbezieht.

Literatur

Ahlers, E., & Brussig, M. (2005). Gefährdungsbeurteilungen in der betrieblichen Praxis. *WSI-Mitteilungen, 58,* 517–523.

Bandura, A. (2000). *Die Sozial-Kognitive Theorie der Massenkommunikation.* Wiesbaden: VS Verlag.

Bleicher, K. (1993). Die Management-Holding – Ansatz zur Komplexitätsbewältigung im Spannungsfeld rechtlicher und organisatorischer Restrukturierung. In M. Reiß, H. Gassert, & P. Horváth (Hrsg.), *Komplexität meistern – Wettbewerbsfähigkeit sichern* (S. 103–123). Stuttgart: Schäffer-Poeschel.

Brainlight. (2016a). Kooperationsprojekt „Nachhaltige Gesundheitssensibilisierung" voller Erfolg. http://www.lifebalanceday.de/nachhaltige-sensibilisierung-mit-brainlight/. Zugegriffen: 2. Dezember 2016.

Brainlight. (2016b). Betriebliches Gesundheitsmanagement. http://www.brainlight.de/PDF/ Broschuere/brainLight-BGM-Broschuere_2016_1.pdf. Zugegriffen: 2. Dez. 2016.

Bundesanstalt für Arbeitsschutz und Arbeitsmedizin. (2014). *Gefährdungsbeurteilung psychischer Belastung. Erfahrungen und Empfehlungen.* Berlin: Schmidt.

Bundesministerium für Gesundheit. (2015). *Präventionsgesetz.* https://www.bundesgesundheitsministerium.de/themen/praevention/praeventionsgesetz.html. Zugegriffen: 30. Nov. 2016.

Bundesministerium für wirtschaftliche Zusammenarbeit und Entwicklung. (2016). Partizipation. https://www.bmz.de/de/service/glossar/P/partizipation.html. Zugegriffen: 3. Nov. 2016.

Elke, G., & Schwennen, C. (2008). Stand und Perspektiven der betrieblichen Gesundheitsförderung (BGF). In C. Schwennen (Hrsg.), *Psychologie der Arbeitssicherheit und Gesundheit: Perspektiven – Visionen* (S. 39–42). Kröning: Asanger.

Europa WHO. (Hrsg.). (1986). *Ottawa Charta zur Gesundheitsförderung.* Kopenhagen: World Health Organisation.

Frey, D., & Schulz-Hardt, S. (2000). *Vom Vorschlagswesen zum Ideenmanagement.* Göttingen: Hogrefe.

Ghadiri, A. (2014). *Arbeitspausen als nachhaltige Investition in das Humankapital.* Baden-Baden: Nomos.

Grawe, K. (1998). *Psychologische Therapie.* Göttingen: Hogrefe.

Hagedorn, C. (2004). Ideenmanagement bei Krankenkassen. http://www.grin.com/de/e-book/58001/ideenmanagement-bei-krankenkassen. Zugegriffen: 20. Mai 2016.

Hott, E. V. (2015). *Die Verdrängung intrinsischer Motivation durch extrinsische Anreize: Empirische Befunde und theoretische Überlegungen*. Hamburg: Bachelor + Master.

Kaminski, M. (2013). *Betriebliches Gesundheitsmanagement für die Praxis*. Wiesbaden: Springer Gabler.

Kilian, H., Geene, R., & Philippi, T. (2004). Die Praxis der Gesundheitsförderung für sozial Benachteiligte im Setting. In R. Rosenbrock, M. Bellwinkel, & A. Schroer (Hrsg.), *Primärprävention im Kontext sozialer Ungleichheit* (S. 151–230). Bremerhaven: Wirtschaftsverlag NW.

Kim, W. C., & Mauborgne, R. (2005). Blue Ocean strategy. From theory to pracitce. *California Management Review, 47*(3), 105–121.

Kimmerle, C. (2003). Die Etablierung einer neuen Führungskultur als Element der Verwaltungsreform. In S. Andresen, I. Delling, & C. Chimäre (Hrsg.), *Verwaltungsmodernisierung als soziale Praxis. Geschlechter-Wissen und Organisationsverständnis von Reformakteuren* (S. 89–111). Wiesbaden: Springer VS.

Küfner, S., & Genz, H. (2008). *Betriebliches Vorschlagswesen als Ideenmanagement*. Berufsgenossenschaft für Gesundheitsdienst und Wohlfahrtspflege – BGW (Hrsg.). Hamburg: Terminal 4.

Kutschker, M., & Schmid, S. (2005). *Internationales Management*. München: Oldenbourg.

Locke, E. A., & Latham, G. P. (1990). *A theory of goal setting & task performance*. Michigan: Prentice Hall.

Maslow, A. (1943). A theory of human motivation. *Psychological Review, 50*(4), 370–396. (A Theory of Human Motivation – online Ausgabe bei der York University).

Mülder, W. (1984). *Ansätze zur Lösung von Implementierungsproblemen. Organisatorische Implementierung von computergestützten Personalinformationssystemen*. Heidelberg: Springer.

Muzic, S. (2016). Etablieren neuer Führungskultur (Change Prozess). http://www.suzanamuzic.de/coaching-beratung/fallbeispiele/etablieren-neuer-fuehrungskultur-change-prozess/. Zugegriffen: 19. Mai 2016.

o. V. (2012). Motivation: Triebkraft für Spaß und Erfolg. http://www.ideenouveau.de/blog/management/motivation-triebkraft/. Zugegriffen: 30. Nov. 2016.

Räber, M., & Oswald, K. (2013). Mitarbeiterpartizipation. Gemeinsam gefällte Entscheidungen sind die besseren Entscheidungen. http://kulturmanagement.net/beitraege/prm/39/kind__0/v__d/ni__2623/index.html. Zugegriffen: 17. Mai 2016.

Rheinberg, F. (2006). *Motivation* (6. Aufl.). Stuttgart: Kohlhammer.

Rheinberg, F. (2008). *Motivation* (7. Aufl.). Stuttgart: Kohlhammer.

Rosenstiel, L. v. (2001). *Motivation im Betrieb. Mit Fallstudien aus der Praxis* (10. Aufl.). Leonberg: Rosenberger.

Roßkopf, K. (2004). *Wissensmanagement in Nonprofit-Organisationen: Gestaltung von Verbänden als lernende Netzwerke*. Wiesbaden: Deutscher Universitäts-Verlag.

Scheffer, D., & Kuhl, J. (2006). *Erfolgreich motivieren: Mitarbeiterpersönlichkeit und Motivationstechniken*. Göttingen: Hogrefe.

Schmitz, W. (2012). Gesunde Kinder – Gesunder Mitarbeiter. http://www.kivi-ev.de/fileadmin/user/kivi/kivi_Tag_18.09.2012/2012-09-18_KIVI_Wolfgang_Schmitz.pdf. Zugegriffen: 2. Dez. 2016.

Schwarz, P., Purtschert, R., & Giroud, C. (1999). *Das Freiburger Management-Modell für Nonprofit-Organisationen (NPO)*. Bern: Haupt.

Sneberger, S. (2016). Vorbeugen ist besser als Handeln. Forum Betriebliches Gesundheits-management XING. https://www.xing.com/communities/posts/vorbeugen-ist-besser-als-handeln-1011136412. Zugegriffen: 30. Nov. 2016.

Sozialistischer Familienverbund. (2016). Partizipation in Erziehungsstellen. http://www.familienverbund.de/partizipation.html. Zugegriffen: 2. Dez. 2016.

Springer Gabler Verlag (Hrsg.). (2016). Gabler Wirtschaftslexikon. Stichwort: AIDA-Regel. http://wirtschaftslexikon.gabler.de/Archiv/81376/aida-regel-v5.html. Zugegriffen: 3. Nov. 2016.

Strauss, G. (1998). Participation works – If conditions are appropriate. In F. Heller, E. Pusic, G. Strauss, & B. Wilpert (Hrsg.), *Organizational participation: Myth and reality* (S. 191–219). Oxford: Oxford University Press.

Streicher, B., & Frey, D. (2010). Förderung des Unternehmenserfolgs und Entfaltung der Mitarbeiter durch neue Unternehmens- und Führungskulturen. In B. Badura, H. Schröder, J. Klose, & K. Macco (Hrsg.), *Fehlzeiten-Report 2009. Arbeit und Psyche: Belastungen reduzieren – Wohlbefinden fördern* (S. 129–132). Heidelberg: Springer.

Szyperski, N. (1981). Dimensionen der Modell-Implementation. In *Operations research proceedings* 1980 (S. 38–399). Heidelberg: Springer.

Tajfel, H., & Turner, J. (1986). *Social identity and intergroup relations*. Cambridge: Cambridge University Press.

Thelen, M. (2010). Wissensmanagement Praxis. Durch Mitarbeiterideen die Wettbewerbsfähigkeit steigern. *Praktische Arbeitsmedizin, 20,* 44–48.

Tintor, M. (2015). *Betriebliches Gesundheitsmanagement in Restrukturierungsprozessen.* Wiesbaden: Springer Gabler.

Uhle, T., & Treier, M. (2015). *Betriebliches Gesundheitsmanagement. Gesundheitsförderung in der Arbeitswelt – Mitarbeiter einbinden, Prozesse gestalten, Erfolge messen* (3. Aufl.). Heidelberg: Springer.

Ulich, E., & Wülser, M. (2015). *Gesundheitsmanagement in Unternehmen. Arbeitspsychologische Perspektiven* (6. Aufl.). Wiesbaden: Springer Gabler.

Wolf, S., Nebel-Töpfer, C., Zwingmann, I., & Richter, P. (2014). Erfahrungen und Umsetzungsbeispiele in der Erstellung der Gefährdungsbeurteilung psychischer Belastungen. *ErgoMed, 5*(38), 10–20.

Weiterführende Literatur

brainLight. (2016). BGM-InfoPoint. http://www.brainlight.de/bgm-infopoint/. Zugegriffen: 18. Mai 2016.

Bundesministerium der Justiz und für Verbraucherschutz. (o. J.). Gesetz über die Durchführung von Maßnahmen des Arbeitsschutzes zur Verbesserung der Sicherheit und des Gesundheitsschutzes der Beschäftigten bei der Arbeit (Arbeitsschutzgesetz – ArbSchG) § 5 Beurteilung der Arbeitsbedingungen. https://www.gesetze-im-internet.de/arbschg/__5.html. Zugegriffen: 18. Mai 2016.

CAREkonkret. (2016). Betriebliches Gesundheitsmanagement: Innovativer Beratungsservice. www.vincentz.net/dl.php?fid=4d0b10bb-1c08-11e6-8bba-00163e31a26f. Zugegriffen: 19. Mai 2016.

4 Adaption von Kommunikationsstrategien auf Betriebliches Gesundheitsmanagement

4.1 Erreichen der Zielgruppe

Die traditionellen Massenmedien Zeitung, Radio und Fernsehen sind in gewisser Weise als Einbahnstraße der Kommunikation angelegt, d. h., es findet keine Interaktion im eigentlichen Sinne zwischen Sender und Empfänger statt. Der Empfänger wird zum Rezipienten der Botschaften und Inhalte.

Das Internet hat die Informationsvermittlung und damit auch das Beziehungsgeflecht zwischen Kommunikationsbeteiligten revolutioniert und nachhaltig verändert. Nicht nur, dass eine nahezu unbegrenzte Zahl von Teilnehmern in den Kommunikationsprozess involviert sein kann, sie können auch miteinander in Aktion und damit in eine Beziehung treten. Trotzdem gibt es keine festgelegten Rollen und damit auch keine Erwartungshaltung aufgrund von hierarchischen Organisationsstrukturen, da das Internet eine weitgehende Anonymität ermöglicht. Jeder kann verschiedene Rollen einnehmen und zwischen ihnen wechseln. Das birgt natürlich gewisse Risiken, aber bietet auch die Möglichkeit, sich als Individuum an Kommunikationsprozessen zu beteiligen und an Informationen teilzuhaben, deren Zugang im Alltag aufgrund von Hierarchie oder individueller Persönlichkeitsstruktur verwehrt geblieben wäre. In Bezug auf das breite Themenfeld der Gesundheit und im Speziellen des Betrieblichen Gesundheitsmanagements nicht unwesentliche Merkmale. Kommunikation im Betrieblichen Gesundheitsmanagement ist ergo nicht als Einbahnstraße anzusehen, sondern sie muss auf Interaktion aufbauen. Dies sei auch als Querverweis auf die häufigsten Ursachen für das Scheitern von Change-Prozessen verstanden.

Mitarbeiter von heute leben in einer durch und durch digitalisierten Lebens- und Arbeitswelt, sie sind mobiler, flexibler, vernetzter und dadurch auch informierter als je zuvor. Jeder kann sich jederzeit an jedem Ort über verschiedenste Kanäle informieren, austauschen und vernetzen.

© Springer Fachmedien Wiesbaden GmbH 2017
A. Ternès et al., *Integriertes Betriebliches Gesundheitsmanagement*,
DOI 10.1007/978-3-658-14640-5_4

Dies legt nah, dass ein crossmedialer Ansatz in der Kommunikationsarchitektur – der sogenannte Blended-Learning-Ansatz – am sinnvollsten ist, um durch
eine geschickte Kombination der optimalen Online- und Offline-Kommunikati-
onsmittel nicht nur Mitarbeiter zu erreichen, die bereits eine hohe Affinität für
Gesundheitsthemen aufweisen, sondern vielmehr auch diejenigen, die sich mit
der eigenen Gesundheit nur gelegentlich bis gar nicht auseinandersetzen oder nur
dann, wenn bereits Defizite vorhanden und spürbar sind und es sich nicht mehr
nur um primärpräventive Angebote handelt, die dann notwendig und sinnvoll
sind.

Häufig sind Unternehmen bei der Einführung eines Betrieblichen Gesundheitsmanagements mit Klischees, Vorurteilen und Widerständen konfrontiert, sei
es, dass Beschäftigte das Thema Gesundheit als etwas äußerst Privates oder Führungskräfte es als lästige „Zusatzaufgabe" empfinden. Daher ist es eine besondere
Herausforderung und kommunikationspolitische Aufgabe, nicht nur möglichst
umfassende Informationen in Bezug auf das unternehmenseigene Engagement für
ein Betriebliches Gesundheitsmanagement an die gesamte – und dabei sehr heterogene – Zielgruppe zielgruppengerecht zu vermitteln, sondern zugleich in einem
offenen Dialog auch individuelle oder organisationseinheitsspezifische Beden-
ken und Widerstände zu beheben.

Eine Pflicht zur Teilhabe an Maßnahmen der Betrieblichen Gesundheitsförderung besteht wie bereits erläutert nicht, sondern sie setzt Freiwilligkeit und damit
Akzeptanz voraus. Daher stellt sich die grundlegende Frage, wie Unternehmen
positiv auf das individuelle Gesundheitsverhalten ihrer Mitarbeiter einwirken
können.

Gerade die zwischen 1980 und 1995 geborene sogenannte Generation Y
formuliert ihre Ansprüche an den potenziellen Arbeitgeber sehr klar: Work-
Life-Balance und Fürsorge des Arbeitgebers sind von großer Relevanz bei der
Entscheidung für oder gegen einen Arbeitgeber. Das Internet wird dabei zur maß-
geblichen Informationsquelle, die zeigt, ob die vermeintlichen Werte eines Unternehmens in der Praxis auch gelebt werden. Unternehmerische Werte, die dem
Praxistest und der Bewertung durch die eigenen Mitarbeiter standhalten, werden
so zum Wettbewerbsfaktor im Kampf um die besten Mitarbeiter. Damit Unternehmen ihre Marke und ihr Image erfolgreich stärken können, müssen Werte in den
Unternehmen über alle Funktionseinheiten und Hierarchieebenen hinweg kommuniziert, verstanden und gelebt werden. Es gilt, Führungskräfte und Management mit den notwendigen Informationen und Kommunikationsinstrumenten
zu versorgen. Rollen, Erwartungen und Aufgaben müssen für eine motivierende
Führungskultur eindeutig geklärt sein.

Entscheidend für den Erfolg aller Maßnahmen und Informationsangebote im Rahmen eines Betrieblichen Gesundheitsmanagements ist jedoch die Relevanz der Angebote für den Mitarbeiter und damit die Faktoren „Spaß", „Orientierung", „Bindung" und „Eigenwert der Teilhabe". Dies ergibt in der Subsumtion wiederum die Frage der Identifikation mit dem Unternehmen, also wie ernst man sich als Mensch von seinem Arbeitgeber genommen und wie sehr man sich wertgeschätzt fühlt.

Unternehmen stehen dabei vor der Herausforderung, dass die angebotenen Maßnahmen nicht nur im Wettbewerb mit externen Angeboten verschiedenster Dienstleister stehen, sei es beispielsweise bei der Ernährung in der Mittagspause oder dem Sportangebot, sondern durch die Möglichkeiten des Internets und interaktive Medien auch die Angebote und das Engagement anderer Arbeitgeber – und damit potenzieller Konkurrenten um die eigenen Angestellten – immer präsenter werden.

4.2 Kommunikationsinstrumente

Es gibt nicht DAS geeignete Kommunikationsinstrument, um alle Mitarbeiter gleichermaßen mit Inhalten, Botschaften und Angeboten zu erreichen. Jeder Mitarbeiter hat unterschiedliche Präferenzen und wird aufgrund seiner individuellen Erfahrungen und Hintergründe auf unterschiedlichste Weise angesprochen. Daher ist eine Mixtur von Online- und Offline-Angeboten notwendig, um „das Beste aus zwei Welten" miteinander zu kombinieren und einen möglichst großen Teil der Zielgruppe zu erreichen. Hören, sehen, sprechen, selbst etwas tun – jeder Mensch lernt anders. Wissenschaftliche Studien belegen, dass der Mensch Dinge, die er hört, etwa zu 20 % behält, beim Sehen 30 %, durch die Kombination von Hören und Sehen etwa zu 50 %. Werden Inhalte gesehen, gehört und man spricht selbst noch darüber, verinnerlicht man sie zu rund 70 %, und wenn man sie sieht, hört, darüber spricht und in Ergänzung selbst aktiv wird, werden Inhalte sogar zu 90 % angeeignet. Genau dies ist der Ausgangspunkt für den Blended-Corporate-Health-Ansatz, der die Vorteile sowohl von digital gestützten Informationen und Interventionen als auch klassischer „Offline"-Information miteinander verbindet, um insgesamt die höchste Effizienz im Gesundheitsmanagement zu erzielen.

Im Folgenden werden einige Kommunikationsinstrumente vorgestellt, die sich insbesondere im Bereich BGM eignen.

4.2.1 Online-Instrumente

Online-Tools werden auf vielfältige Weise zur Kommunikation im BGM genutzt. Dabei lassen sich die einzelnen Instrumente grob in drei Kategorien einteilen: Instrumente zur Datenerhebung, als Kommunikationsmittel und als Plattform. Zum einen werden sie zur Datenerhebung eingesetzt. Gesundheitsdaten der Mitarbeiter können anonym, beispielsweise in Form eines Online-Fragebogens oder eines Screenings für die Psychische Gefährdungsbeurteilung ermittelt und ausgewertet werden. Somit erhält das Unternehmen einen Überblick in Form einer Ist-Analyse über den Gesundheitszustand der Mitarbeiter. Ein Screening ist laut Duden eine „an einer großen Anzahl von Objekten oder Personen in der gleichen Weise durchgeführte Untersuchung" (Duden 2016). Bei der Gefährdungsbeurteilung psychischer Belastungen werden mittels Screening-Verfahren Details zur psychischen Gesundheit abgefragt und diese in Verbindung zur Arbeitsorganisation, -umgebung und zu den sozialen Faktoren gebracht. Einmal programmiert können Screenings einfach und schnell ausgewertet werden.

In einer weiteren Kategorie dienen Online-Instrumente als Kommunikations- und Informationsmittel. Mögliche Anwendungen sind Applikationen („Apps") mit Anwendungen, Informationsportale, Online-Kurse, Wearables und Online-Maßnahmen. Mit diesen Hilfsmitteln können auch dezentrale Mitarbeitergruppen erreicht werden. Eine App mit Anwendungen für Unternehmen gibt es vom Unternehmen Vitaliberty mit dem Namen „moove". Diese App wird im Betrieblichen Gesundheitsmanagement sowohl als Management-Tool zur Datenerfassung als auch als Anwendung für die Mitarbeiter eingesetzt. Bei der Psychischen Gefährdungsbeurteilung können durch die App relevante Daten anonym erfasst werden. Weiterhin bietet moove ein Gesundheitsprogramm für die Mitarbeiter, das individuell auf jeden einzelnen abgestimmt zusammen gestellt ist. Dieses finden sie im Gesundheitsportal der App. Dort gibt es Informationen zu ausgewählten Themen, welche den Mitarbeiter langfristig motivieren einen gesunden Lebensstil zu führen. Auf das Gesundheitsportal haben die Mitarbeiter von überall aus Zugriff. Ob von Smartphone, Laptop oder Tablet (vgl. Vitaliberty 2016). Informationsportale wie „ernaehrung-online.com" (2012) informieren über gesunde Ernährung und geben Tipps zum Abnehmen und veröffentlichen auch Rezepte. Weiterhin gibt es Online-Kurse zur Ernährung. Die Shaw Academy (2016) für Ernährung bietet einen CPD-zertifizierten Online-Kurs über Ernährung an. Durch interaktive Liveübertragung des Kurses lernen die Teilnehmer alles über Ernährung und Gewichtsreduktion. Wearables erweitern die Funktionen eines Smartphones oder Laptops. Eingesetzt werden sie im Bereich (Betriebliche) Gesundheit als

Activity Tracker. Activity Tracker sind zumeist Fitnessarmbänder und messen Körperwerte, wie den Puls und die Herzfrequenz. Weiterhin zählen sie die zurück gelegten Schritte, erklommene Stockwerke und intensive sportliche Betätigung. Verbunden mit dem Smartphone kann das Fitnessarmband auch Anrufe anzeigen, E-Mails anzeigen und die Musik des Smartphones steuern. Im betrieblichen Kontext lassen sich Wearables gut einsetzen, da die Mitarbeiter ihre Werte mit anderen Mitarbeitern vergleichen können. Dies kann auch in Form eines Wettbewerbs zwischen den Mitarbeitern erfolgen, wie beispielsweise der Geh-Wettbewerb oder „Mit dem Rad zur Arbeit".

Warum sind digitale Angebote rund um das Thema Gesundheit so beliebt? Eine Antwort mag darin liegen, dass die Gesellschaft mobiler geworden ist. Für viele Menschen gehören räumliche und zeitliche Flexibilität zum Arbeitsalltag. Im Zuge der Digitalisierung ist der „Ich – alles – sofort – überall"-Ansatz zu einer Art Dogma geworden, dem man sich nur schwer entziehen kann. Alles und jeder ist vernetzt, jederzeit erreichbar und Teil einer virtuellen Gesellschaft. Die Geschwindigkeit der Kommunikation hat zugenommen, hin zu Realtime-Kommunikation, umso wichtiger wird für die Customer Journey die „Initialzündung" beim Rezipienten.

Hier gilt noch mehr als bei klassischen Kommunikationswegen: Was gefällt, wird angenommen, was nicht gefällt, wird sofort wieder gelöscht oder deinstalliert. Die Empfänger bzw. Nutzer sind aufgrund der Vernetzung über digitale Wege mehr denn je Multiplikatoren. Digitale Angebote rund um das Thema Gesundheit beinhalten, sofern zielführend gestaltet, einen sehr wesentlichen Pull-Aspekt, der in einer in vielen Bereichen zunehmend anonymen, schnelllebigen und oberflächlichen Gesellschaft vielen Menschen fehlt: ein direktes Feedback. Du hast erfolgreich abgenommen, du bist schneller gelaufen, das hast du gut gemacht etc. Darüber hinaus beinhalten viele Apps eine Art sozialen Leistungsvergleich, indem sie die eigene Leistung in Konkurrenz zu anderen setzen. Wer ist weiter gelaufen, wer ist schneller gelaufen, wer war besser, wer ist erfolgreicher etc. Dies spornt an und weckt Motivation und Ehrgeiz, das Streben nach Anerkennung, Leistung und Übertreffen der anderen. Gleichzeitig übernimmt der Mensch wieder bewusst die Verantwortung für sein Handeln, sei es das Ernährungsverhalten oder die sportliche Betätigung. Der Körper wird zum formbaren Werkstoff. Dies mag positiv wie negativ beurteilt werden und obliegt jedem Einzelnen.

Es ist aber auch ein Ziel des Betrieblichen Gesundheitsmanagements, durch die Erzeugung eines Verhältnisses durch eben jenes System und diese neu gewonnene Eigenverantwortung die Abwendung von gesundheitlichen Risikofaktoren zu stärken. Dazu gehört auch und vor allem die Vermeidung von externen Wettkampfstrategien in Form von vermeintlich BGM-verstärkenden Maßnahmen, die

ein systematisches und koordiniertes ganzheitliches Betriebliches Gesundheitsmanagement konterkarieren würden, beispielsweise Einzelmaßnahmen, die weniger einem systematischen BGM sondern nur als PR-Maßnahmen für das Image
des Unternehmens dienen (z. B. ein einzelner großer Firmenlauf).

Zielgruppen sind in der digitalen Kommunikation, wenn sie über die unternehmensinterne Kommunikation hinausgeht, nicht mehr so klar definiert wie bei den
klassischen Kommunikationswegen. Für Dienstleister, die sich im digitalen Markt
bewegen, ist eine hohe Anpassungsfähigkeit ihrer Geschäftsmodelle in einem sich
stetig erweiternden und höchst innovativen Markt unerlässlich.

Auch moderne Human-Resources-Strategien sollten optimalerweise den Mitarbeiter als Kunden sehen, was wiederum dazu führt, dass HR-Abteilungen sich
die Kriterien, die an Dienstleister gestellt werden, ebenfalls aneignen sollten.

Wichtig für den Erfolg der Informationsvermittlung, sowohl auf klassischem
als auch auf digitalem Wege, ist es, emotionale Botschaften zu vermitteln, die
Informationen einfach zu gestalten und den Informationscharakter in den Vordergrund zu stellen.

Das Thema Gesundheit ist ein emotional besetzter Themenkomplex, bei dem
jeder Mensch seine eigenen Befindlichkeiten, Hemmnisse und Bedürfnisse hat.
Thematisch bezogene Team-Events oder Veranstaltungen des Unternehmens
können daher Pull-Charakter haben, wenn sie die Mitarbeiter sensibilisieren und
emotional abholen Eine positive Grundeinstellung fördert die Bereitschaft zur
Auseinandersetzung mit dem Thema, die Aufnahme von angebotenen Gesund-
heitsinformationen und auch den Identifikationsprozess bezogen auf die Angebote im Rahmen eines Betrieblichen Gesundheitsmanagements.

Corporate Intranet
Im Medienmix der BGM-Kommunikation spielt – falls vorhanden oder geplant –
auch das unternehmenseigene Intranet eine wichtige Rolle. Im Gegensatz zur
Mitarbeiterzeitschrift eignet sich dieses vor allem auch zur Streuung tagesaktu-
eller Neuigkeiten oder Veranstaltungshinweise und damit etwa auch im Hinblick
auf BGM-bezogene Events, Kurse oder ärztliche Untersuchungen. In digitalen
Kalendern können diese übersichtlich gesammelt und tagesaktuell kommuniziert
werden. Mitarbeiter-Wikis oder ein eigenes BGM-Portal können dazu genutzt
werden, Hintergründe und Informationen zur betrieblichen Gesundheitsfürsorge
quasi jederzeit einsehbar zu machen. Im Newsfeed können BGM-bezogene Neuigkeiten geteilt oder es kann zur Partizipation interessierter Kollegen aufgerufen
werden – idealerweise nicht nur durch das Unternehmen selbst, sondern auch
durch die eigene Belegschaft oder festgelegte BGM-Botschafter. Innovative

Intranet-Angebote wie der Dienst TeamLike der Deutschen Telekom versuchen außerdem, eine Mischung aus klassischem Intranet, Projektplattform und sozialem Netzwerk zu etablieren und dadurch die soziale Interaktion zwischen den Mitarbeitern über die Plattform zu fördern (vgl. Backofen und Donner 10. Juli 2015).

Die Möglichkeiten des Intranets scheinen unbegrenzt, und doch schöpfen viele Portale dessen Optionen nicht annähernd aus. Die Gründe hierfür sind vielfältig. Frank Wolf, Anbieter der Mitarbeiter-App Eyo, fasst diese wie folgt zusammen. Social Intranets versuchen seiner Meinung nach,

> [...] möglichst viele Anwendungsfälle auf einer Plattform abzubilden. Wir haben aber lernen müssen, dass das leider wesentlich zur Komplexität beiträgt. [...] Die Folge sind Intranets, die für viele Mitarbeiter unübersichtlich erscheinen und für diejenigen ohne PC-Arbeitsplatz meist überhaupt nicht erreichbar sind. [...] Zu den Verlierern zählt auch die interne Kommunikation, die zwar eine Plattform besitzt, aber ihren Kommunikationsauftrag nicht erfüllen kann (Führmann 2015).

Auch für das Intranet sind Einfachheit und eine klare Struktur daher unerlässlich, um dessen Potenzial optimal zu nutzen. Des Weiteren sind interne Austauschplattformen im Gegensatz zur Mitarbeiterzeitschrift häufig nicht allen Mitarbeitern jederzeit zugänglich, was deren Reichweite ebenfalls einschränkt. Auch aus diesem Grund sollten Intranets nur ein Element eines optimalen Medienmix darstellen, um ein BGM-Konzept umfassend zu implementieren und zu kommunizieren.

Schlussendlich kann selbst ein optimal strukturiertes Intranet jedoch an der generellen Ausrichtung der internen Kommunikation scheitern. Zwar eignen sich entsprechende Plattformen theoretisch sowohl zur Top-down- als auch zur Bottom-up-Kommunikation. Am Ende können sich Intranets jedoch nur dann zu einer wirklichen Dialogstätte entwickeln, wenn die Beteiligung der Mitarbeiter zum einen gewünscht ist und gefördert wird und zum anderen fester Bestandteil der Unternehmenskultur ist. Oftmals befürchten Unternehmen jedoch, die Kontrolle über im Intranet gestreute Informationen zu verlieren (vgl. Neumann 2011, S. 26 ff.). Dabei gilt es zu beachten, dass firmeninterne Mythen und Gerüchte keine Erfindung der Digitalisierung sind. Vielmehr kommt es hierbei verstärkt darauf an, der entstehenden Komplexität im Austausch zwischen den Mitarbeitern Herr zu werden. In diesem Zusammenhang unterscheiden sich interne soziale Netzwerke kaum von ihren externen Vorbildern wie Facebook oder Twitter, die unternehmensseitig ein professionelles Community-Management erfordern.

Dieses sollte nach Möglichkeit auch in der internen Kommunikation fest verankert sein.

Mitarbeiter-App

Die Digitalisierung des Arbeitsalltags beschränkt sich längst nicht mehr auf PC
und Laptop. Smartphones und Tablets mit einer endlosen Vielfalt mobiler Applikationen entwickeln sich mehr und mehr zu scheinbaren Alleskönnern und Hel-
ferlein für die großen und kleinen Probleme von jedermann. Das Berufsleben
spielt hierbei eine große Rolle, weshalb sich auch interne Kommunikatoren verstärkt der Herausforderung Mobile stellen müssen.

Verschiedene Anbieter wie die bereits angesprochene Mitarbeiter-App Eyo
versuchen, sich diesen veränderten Voraussetzungen zu stellen. Zentrales Ziel
ist es, einen der Nachteile klassischer Intranets zu beheben: Mobile Apps können auch unterwegs von Mitarbeitern aufgerufen werden, womit entsprechende
Inhalte und Anwendungen etwa auf Dienstreisen, beim Pendeln oder außerhalb
der Arbeitszeit zur Verfügung stehen. Hierbei steht nicht im Vordergrund, die
gesamte Komplexität eines Intranets mobil abzubilden. Oftmals genügt eine redu-
zierte Version, zum Beispiel mit Zugriff auf Newsfeed, wichtige Archive oder
Chatfunktion, um die Vorteile mobiler Kommunikation für unternehmensinterne
Zwecke zu nutzen.

Die Anwendungsvielfalt mobiler Intranets für die BGM-Kommunikation entspricht dabei jenen der klassischen Desktop-Variante. Genauso gleichen sich
jedoch teilweise deren Hürden, wie der bereits skizzierte Kontrollverlust über
geteilte Informationen. Bei entsprechender Budgetlage allerdings können Mit-
arbeiter-Apps den Medienmix in der internen Kommunikation – gerade auch im
Umfeld der betrieblichen Gesundheitsfürsorge – abrunden. Die Möglichkeiten
hierbei sind vielfältig und reichen vom BGM-Kalender mit Einsicht in alle angebotenen Veranstaltungen bis zum täglichen Gesundheitstipp als Push-Nachricht
auf dem Smartphone-Display.

Soziale Netzwerke

Neben internen Dialogplattformen können auch externe soziale Netzwerke wie
Facebook, LinkedIn oder XING in den Medienmix der BGM-Kommunikation
Einzug halten. Der Anwendungsspielraum ist dabei nicht auf externe Zielgruppen beschränkt, was am Beispiel privater Facebook-Gruppen deutlich wird. Diese
können zum Beispiel auch der Koordination der jeweiligen BGM-Angebote eines
Unternehmens dienen. Hierbei kann es sich anbieten, einen Koordinator als Schnittstelle zwischen interner Kommunikation und aktiver Belegschaft festzulegen, der in

der Gruppe selbst aktiv wird – ein weiteres Anwendungsfeld für mögliche BGM-Botschafter innerhalb eines Unternehmens.

Nicht zuletzt treten Firmen vermehrt auch als externe Kommunikatoren in sozialen Netzwerken auf. Bereits 2012 nutzten laut einer BITKOM-Studie 47 % der deutschen Unternehmen Social Media, weitere 15 % planten damals ihren künftigen Auftritt im Social Web bereits konkret (vgl. Arns 2012, S. 4). Gleichbedeutend mit dem aktiven Schritt in soziale Netzwerke ist dabei, als Firma selbst als Social Player aufzutreten. Dies geschieht quasi auf Augenhöhe mit Kunden, potenziellen Bewerben und weiteren Stakeholdern, wobei der Stakeholder-Begriff in diesem Zusammenhang beinahe untertrieben wirkt: Auf Facebook und Co. ist jeder in der Lage, mit nur wenigen Klicks direkt mit einem Unternehmen in Dialog zu treten. Dies zeigt nicht nur die veränderten Rahmenbedingungen für Firmen auf, sondern unterstreicht zudem die Chancen und Risiken, die mit einer Unternehmenspräsenz auf Facebook und Co. einhergehen. Ein effektives, durchdachtes Community-Management ist daher auch hier unumgänglich. Dies gilt jedoch nicht nur für bereits aktive Firmen: Auch Unternehmen, die noch nicht im Social Web unterwegs sind, sind gut beraten, die Kommunikation hierüber genau zu verfolgen und, wenn notwendig, entsprechend zu reagieren (vgl. Neumann 2011, S. 26).

Als Hauptgründe für ihre Social-Media-Aktivitäten nannten im Jahr 2014 74 % der Unternehmen die Steigerung ihrer Bekanntheit, 73 % die Kundenbindung sowie weitere 71 % die Verbesserung ihres Images (vgl. Siwek 2014, S. 3). Vor allem im Hinblick auf letzteren Beweggrund kann eine authentische BGM-Kommunikation über soziale Netzwerke wichtige Reputationsvorteile mit sich bringen. Dies betrifft auch kleine und mittlere Unternehmen, die im Social Web zum Beispiel Nachwuchskräfte vorrangig in ihrer Region ansprechen oder ihre Bedeutung als Arbeitgeber unterstreichen wollen. Hierzu bieten beispielsweise Facebook, Twitter oder Instagram dank regionalisierbarer Werbeanzeigen gute Voraussetzungen.

Sowohl für interne als auch externe Zielgruppen der BGM-Kommunikation gilt daher, dass soziale Netzwerke Firmen grundsätzlich dabei unterstützen können, Zielgruppen dort abzuholen, wo sie sich tagtäglich aufhalten. Je nach Adressaten eignen sich hierbei verschieden ausgerichtete Netzwerke entsprechend unterschiedlich gut. Bei Fachkräften könnten sich Präsenzen auf Twitter, LinkedIn oder XING als wichtige Plattformen herausstellen, während sich besonders bei jüngeren Nutzern, wie zum Beispiel Abiturienten oder Berufsschülern, auch neuere Apps wie Snapchat anbieten. Wie schon im Falle von Corporate Blogs und internem BGM-Content spielt aber auch die Qualität der Inhalte eine entscheidende Rolle, um auf die BGM-Aktivitäten eines Unternehmens innerhalb der anvisierten Zielgruppen aufmerksam zu machen.

4.2.2 Offline-Instrumente

Mitarbeiterzeitschrift

Unser Alltag wird immer weiter digitalisiert – Printmedien wie Mitarbeiterzeitschriften oder Broschüren erscheinen deshalb immer antiquierter. Verena Waldbröl bezeichnet gedruckte Mitarbeitermagazine in diesem Kontext scharfzüngig gar als „lebende Totgesagte" (Waldbröl 2015). Dabei sollte das grundsätzliche Potenzial von Printmedien für die BGM-Kommunikation keinesfalls unterschätzt werden. Denn nicht ohne Grund scheitern auch groß angelegte Intranet-Projekte als digitales Pendant zur Mitarbeiterzeitschrift regelmäßig.

Die Argumente für Printmedien sind vielfältig. Zum Lesen einer Mitarbeiterzeitschrift sind etwa keine technischen Hilfsmittel nötig. Zudem fehlt Mitarbeitern oftmals schlichtweg die Zeit, sich während der Arbeitszeit intensiv mit dem Intranet auseinanderzusetzen. Eine Mitarbeiterzeitschrift hingegen erreicht die Belegschaft potenziell auch in der Freizeit – solange sie ansprechend, informativ und unterhaltsam konzipiert ist. Printmedien können auch auf dem Weg zur Arbeit, unterwegs auf Dienstreisen oder zu Hause auf der Couch konsumiert werden. Damit können Sie auch Mitarbeiter erreichen, die ihre Arbeitszeit nur sporadisch am Computer verbringen – man denke etwa an Außendienstangestellte. Hochwertige Magazine können darüber hinaus mitunter auch direkte Angehörige der Mitarbeiter erreichen und tragen damit die Unternehmenskultur in deren privates Umfeld – ein nicht zu unterschätzender Pluspunkt in Hinsicht auf deren Bindung an den Betrieb.

Kein Wunder also, dass einer Studie zufolge Stand 2014 noch immer 84,6 % der Unternehmen ihre Mitarbeiterzeitschrift in gedruckter Form anbieten (vgl. Sanders 2014, S. 6). Eine sinnvolle Ergänzung ist dabei, das Magazin auch als PDF-Datei zur Verfügung zu stellen, was in 59,3 % aller Fälle auch getan wird. Auf diese Art und Weise können die Inhalte beispielsweise auch per Tablet sowie am PC daheim oder im Büro gelesen werden. In einem an die individuell an die Bedürfnisse der Belegschaft angepassten Medienmix kann der eigenen Mitarbeiterzeitschrift folglich noch immer eine wichtige Aufgabe innerhalb der BGM-Kommunikation zufallen, zumal wenn diese hochwertig produziert ist und ihren Lesern einen wirklichen Mehrwert bietet.

Ein erstklassiges Praxisbeispiel hierfür bietet die Robert Bosch GmbH mit der weltweit erscheinenden Mitarbeiterzeitschrift BoschZünder. Das Medium wurde 2012 einem aufwendigen Relaunch unterzogen und erreicht 300.000 Mitarbeiter in etwa 350 Niederlassungen weltweit (vgl. cpwissen 2014). Bereits das moderne Design weist darauf hin, dass es sich hierbei nicht um ein klassisches internes Medium handelt (vgl. Abb. 4.1). Vielmehr zielt das Magazin darauf ab, über die Belegschaft hinauszustrahlen, und erinnert dank seiner kreativen, abwechslungs-reichen Inhalte eher an ein hochwertiges Tabloid-Format. Auf diese Art und Weise gelingt es der Zeitschrift, im Wettbewerb mit anderen Medien im Umfeld ihrer Zielgruppen erfolgreich zu bestehen.

Der Fokus von Mitarbeiterzeitschriften sollte daher auf Qualität und Form der Inhalte liegen: Quartalsweise erscheinende Printmedien eignen sich beispiels-weise weniger, um tagesaktuelle Neuigkeiten und Geschäftsentwicklungen mit-zuteilen. Dafür aber sind sie bestens in der Lage, komplexe Zusammenhänge, Mitarbeiterporträts oder Case Studies zu präsentieren (vgl. Idstein 2012). Ähnli-ches gilt übrigens auch für andere Printmedien, zum Beispiel Broschüren, deren Produktion ebenfalls zeitgemäßen Standards folgen sollte.

Schwarzes Brett

Informationen wie beispielsweise die Termine für Sportangebote oder das Wochenangebot für die gesunde und aktive Mittagspause über das Schwarze Brett zu vermitteln, ist vor allem ein sehr kostengünstiges und schnell einsetzbares Kommunikationsmittel, jedoch ist hier bei der klassischen Variante des Schwar-zen Bretts in der Teeküche oder im Aufenthaltsraum nicht messbar, inwiefern die-ser Kommunikationskanal auch möglichst viele Mitarbeiter erreicht. Ergänzend besteht die Möglichkeit, das Schwarze Brett in das Intranet zu integrieren und dem Mitarbeiter regelmäßig die neuesten Informationen an seinem Arbeitsplatz auf dem Bildschirm anzuzeigen.

Flyer und Plakate

Flyer oder Plakate können zusätzlich über Angebote informieren, indem sie vor allem auf den visuellen Aspekt setzen und Interesse erzeugen. Wichtig ist bei der Gestaltung dieser „Werbemittel" die Konzentration auf die Kernbotschaft. Sie muss auf den ersten Blick verständlich sein, Aufmerksamkeit beim Empfänger der Botschaft generieren und das Bedürfnis nach darüber hinausgehenden Informatio-nen wecken. Eine geschickte Kombination aus Plakaten, die eher auf Bildelemente setzen, und „Take away"-Flyern, die beispielsweise über QR-Codes crossmedial auf Inter- oder Intranetseiten verlinken, erhöht die Wahrscheinlichkeit, dass der

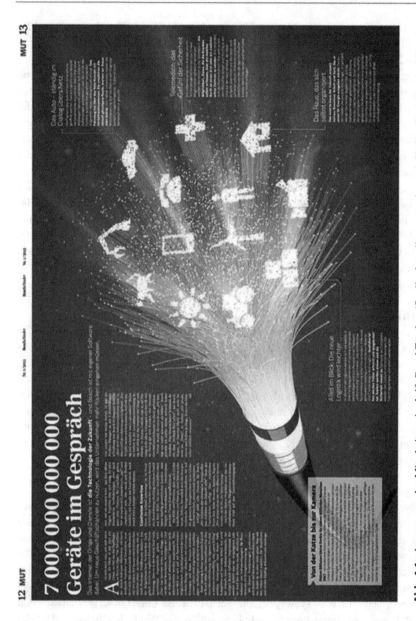

Abb. 4.1 Auszug aus der Mitarbeiterzeitschrift BoschZünder. (Quelle: http://www.cpwissen.de/tl_files/Best-Practices/Bosch_Zuender/4-Bosch.png, zugegriffen: 21. September 2016)

Empfänger letztlich auch das Verlangen hat, die Angebote wahrzunehmen und sich weiter mit einem Thema zu beschäftigen.

Präsenzmaßnahmen

Relativ zeit- und kostenintensiv ist die klassische Mitarbeiterversammlung, mit der jedoch ein möglichst großer Teil der Belegschaft erreicht werden kann und die einen erheblichen Spielraum bietet, die Mitarbeiter aktiv einzubinden und sie emotional abzuholen. Zudem kann die Unternehmensleitung im Rahmen einer solchen Versammlung deutlich machen, dass sie hinter dem angebotenen Konzept des Betrieblichen Gesundheitsmanagements steht und die Motivation zur Einführung eines solchen erläutern. Auch dialogische Elemente lassen sich hier implementieren und führen so zu einer hohen Motivation auf der Seite der Mitarbeiter.

Noch stärker wirken im Rahmen einer Kommunikationsstrategie ein Tag der offenen Tür, ein Mitarbeiterfest oder Team-Events oder auch Team-Trainings mit thematischem Bezug zu betrieblicher Gesundheitsförderung. Sie bieten einen niederschwelligen Zugang zu verschiedenen Gesundheitsaspekten, Informationsvermittlung lässt sich mit erlebbaren Elementen attraktiv kombinieren, und dem Dialog zwischen den verschiedenen Akteuren wird Raum gegeben.

Face-to-face-Maßnahmen bieten im Gegensatz zu digitalen Angeboten eine direkte Feedbackmöglichkeit und die Möglichkeit des direkten Dialogs mit demjenigen, der Informationen vermittelt. Die Vorteile des klassischen Ansatzes sind, dass Präsenzdienstleistungen physisch erlebbar sind, einen hohen Individualisierungsgrad bieten und dadurch zu einer höheren persönlichen Identifikation mit dem Angebot und dem Überthema Gesundheit führen. Der Kontakt von Mensch zu Mensch ist nicht zu ersetzen und beinhaltet auch immer eine Wertschätzungskomponente durch die persönliche Ansprache. Präsenzangebote beinhalten eine hohe soziale Komponente, die Teilnehmer unterstützen und motivieren sich gegenseitig. Bedürfnisse und tatsächliche Interessen der Teilnehmer können besser berücksichtigt werden.

In Anlehnung an die beschriebenen Kommunikationsmodelle wird somit zugleich der individuelle Interpretationsspielraum verringert und Missverständnissen, Fehlinformationen oder Unklarheiten vorgebeugt. Dies ist gerade zu Beginn des Implementierungsprozesses des Betrieblichen Gesundheitsmanagements wichtig. Offenen Fragen muss Raum gegeben werden. Zudem beinhalten Präsenzveranstaltungen oder -maßnahmen auch immer die non-verbalen Kommunikationselemente wie Mimik, Gestik oder Tonfall. Wie überzeugend wirkt mein Gegenüber? Wie sympathisch, wie authentisch oder glaubwürdig wirkt der Sender der Botschaft? Diese Aspekte sind vor allem bei weniger gesundheitsaffinen

Menschen wichtig für den Identifikationsprozess und die Motivation und sollten daher im Planungsprozess der Gesamtkommunikationsstrategie nicht vernachlässigt werden. In Anlehnung an die klientenzentrierte Gesprächsführung nach dem US-amerikanischen Psychologen Carl Rogers lassen sich daher drei wesentliche Merkmale für die Kommunikation herausstellen: Empathie, positive Wertschätzung und Echtheit.

Im Rahmen von digitalen Ansätzen zur Ansprache des Individuums gelten zwar ähnliche Grundideen, werden aber durch die vormals beschriebene Möglichkeit der Rollenvielfalt des Empfängers teilweise erheblich fremd- oder eigenbeeinflusst. So können beispielsweise in der klassischen Kommunikation klar formulierte Apelle in digitalen Ansätzen durch das Einnehmen einer anderen Rolle des Empfängers zu empfindlichen Störungen der Wahrnehmung führen.

4.2.3 Zwischenfazit

Der digitale Ansatz von BGM Maßnahmen bietet die Möglichkeit, jederzeit und von jedem Standort aus auf Angebote zuzugreifen. Dies fördert aufgrund der standardisierten Qualität der Angebote und Inhalte die eigene Gesundheitskompetenz über das berufliche Setting hinaus. Teilnehmer lernen, wie, was und wo es ihnen passt. Jeder bestimmt sein Tempo bei der Umsetzung selbst, was zugleich jedoch eine hohe Eigenmotivationskompetenz erfordert. Inhaltliche Schwerpunkte werden selbst gesetzt und bieten damit das Optimum für die persönliche Lernkurve. Online-Kurse, Online-Coaching, Teil einer Community zu sein und die Integration von Lifestyle-Elementen wie Schrittzähler, Tracker und Sensorik durch zur Verfügung gestellte Apps sowie Marktplatz-Ansätze sind Merkmale der Online-Dienstleistungen. Umgekehrt bieten die angebotenen Maßnahmen nicht nur als Intervention den konkreten gesundheitlichen Nutzen, zum Beispiel in Form von Rückenkursen, sondern können quasi als „Trojaner" über den konkreten Nutzen hinaus weitere allgemeine Informationen vermitteln und unterschwellig dadurch auch ein positives Image des Arbeitgebers stärken. Die Gratwanderung zwischen Motivation und Manipulation ist hier sehr schmal und bedarf eines enormen Kommunikationsvermögens.

Je nach digitaler Plattform und digitalem Dienstleister ist eine einfache, individuelle und motivierende Betreuung der einzelnen Teilnehmer bis zu einem gewissen Grad möglich. Zugleich bietet der digitale Ansatz auch die Option, Kennzahlen und Nutzungsdaten zu erfassen, dies natürlich immer unter höchsten Datenschutzanforderungen.

Für die Akzeptanz und Annahme von Angeboten gilt: Ausprobiert wird, was gefällt. Erkennt der Empfänger die Relevanz des Themas für sich selbst, bietet ihm die Botschaft bzw. das zugrunde liegende Angebot einen Mehrwert, dann ist er bereit, sich damit auseinanderzusetzen. Hier sei der Querverweis auf systemtheoretische Ansätze erlaubt, die von einer relevanten Irritation der eigenen Umwelt sprechen. Das bedeutet, dass der Nutzen auch dann erkannt wird, wenn die Maßnahme der jeweiligen Rolle innerhalb des Systems hilft (z. B. einer Führungskraft im Konzern).

Weitere relevante Aspekte sind neben den niederschwelligen Informationsangeboten, dass der Eindruck maßgeschneiderter Angebote beim Empfänger entsteht, dass er über E-Mail, Newsletter, Post im Intranet oder Ähnliches genau die Informationen erhält, die er benötigt oder sich wünscht (Customized Information statt Gießkannenprinzip) oder auch, dass der Sender auf Nachfragen innerhalb einer kurzen Zeit reagiert und Kontakt aufnimmt.

4.3 Maßnahmen und Tools in der Praxis

4.3.1 Betriebssport

Das Bedürfnis nach Gemeinschaft ist ein Grund, warum Menschen Sportvereinen beitreten. Dies war schon zu Beginn des organisierten Sports in Deutschland um 1810 so, dessen Wurzeln dem sogenannten „Turnvater" Friedrich Ludwig Jahn zugerechnet werden. Mitte des 19. Jahrhunderts entstanden dann als Gegenpol zu den häufig politisch motivierten Sportvereinen früherer Jahre die ersten kommerziellen Anbieter. Um 1900 erfuhr die sportliche Betätigung im Zuge eines gesamtgesellschaftlichen Trends eine die sozialen Schichten übergreifende stärkere Motivation, zum einen was den Zulauf in den klassischen Turnvereinen betrifft, aber auch bei gewerblichen Anbietern aus den eher gehobenen sozialen Schichten. Auch erste Fitnessratgeber waren schon damals verfügbar.

Anfang der 1970er Jahre gewann die Sportbewegung in Deutschland durch die Trimm-dich-Bewegung des Deutschen Sportbunds mit Trimmy als Maskottchen einen starken Auftrieb. Die Sportvereine verzeichneten einen rasanten Mitgliederzuwachs. Werbespots mit Botschaften wie „Lauf mal wieder", „Schwimm mal wieder" und „Fahr mal wieder Rad" erreichten eine unglaubliche Aufmerksamkeit von über 90 % in der deutschen Bevölkerung, nicht zuletzt aufgrund des Maskottchens, des freundlichen, gelben Männchens mit Turnhose und hochgerecktem Daumen. In vielen Städten und Gemeinden entstanden Trimm-dich-Pfade (vgl. Deutscher Olympischer Sportbund o. J.). Die Trimm-dich-Kampagne erreichte durch schlicht gestaltete Slogans und ein einprägsames Maskottchen Breitenwirkung, neue Zielgruppen wurden erschlossen, und neben den Gemeinschaftssinn trat der Wettbewerbscharakter.

- 1970–1974 Motivationskampagne „Trimm Dich durch Sport"
- 1975–1978 Konditionskampagne „Ein Schlauer trimmt die Ausdauer"
- 1979–1982 Spielkampagne „Spiel mit – da spielt sich was ab"
- 1983–1986 Gesundheitskampagne „Trimming 130 – Bewegung ist die beste Medizin" (vgl. Deutscher Olympischer Sportbund o. J.)

2015 gab es in Deutschland über 90.000 Sportvereine, rund 23,7 Mio. Menschen waren im Jahr 2015 Mitglied in einem oder mehreren Sportvereinen (vgl. Deutscher Olympischer Sportbund o. J.).

Wie das Prüf- und Beratungsunternehmen Deloitte im Rahmen einer Studie 2015 analysierte, verzeichnete die Fitnessbranche seit Jahren ein kontinuierliches Wachstum auf über 9 Mio. Fitnessstudio-Mitglieder im Jahr 2015, das entspricht 11,2 % der deutschen Bevölkerung. Die Studie basiert auf Daten, die von Deloitte, dem Arbeitgeberverband der deutschen Fitness- und Gesundheits-Anlagen und der Deutschen Hochschule für Prävention und Gesundheitsmanagement bei den Betreibern von Fitnesseinrichtungen erhoben wurden. Im Rahmen der Studie wurden 8026 Studios befragt (vgl. Deloitte & Touche GmbH Wirtschaftsprüfungsgesellschaft 2015). Laut Deloitte konnte die Fitnessbranche durch die Begeisterung für Fitnessstudios in Deutschland zuletzt rund fünf Milliarden Euro umsetzen.

Dabei ist festzustellen, dass die Konsumentenwünsche stark polarisierende Angebote hervorbringen, entweder aus dem hochpreisigen Premiumsegment mit Angeboten von teilweise mehr als 100 EUR pro Monat oder aus dem kostengünstigen Discount-Fitnessbereich, der insbesondere auf Ausdauer- und Krafttrainingsgeräte setzt, mit Mitgliedsbeiträgen in der Regel von unter 20 EUR pro Monat (vgl. Knop 23. März 2015, S. 1).

Angesichts dieser Entwicklung ist festzustellen, dass beispielsweise Sport, ebenso wie das Thema Ernährung als gesamtgesellschaftlicher Trend, ein prädestinierter Transporter für das Thema Betriebliches Gesundheitsmanagement sein kann, da sich gesamtgesellschaftlich mit einer relativ einfachen Kampagne große Wirkung erzielen lässt.

Übertragen auf die Kommunikation im BGM kann es daher sehr lohnenswert sein, mittels einer Kampagne, kombiniert mit einer Identifikationsfigur oder einem Key Visual, die Grundintention der arbeitgeberseitigen Sicht auf Gesundheit zu kanalisieren. Da sich Organisationen ab einer bestimmten Größe ähnlich wie Gesellschaften verhalten, ist der Einsatz von Kampagnen mit Fixierung auf ein Trägersymbol durchaus valide.

Der Vorteil des Einsatzes einer „belohnungszentrierten" Kommunikation mit beispielsweise einem „Trimm dich Taler" kombiniert mit einem Key Visual liegt in der personellen Unabhängigkeit. Wenn auch im Betrieblichen Gesundheitsmanagement gewünscht, so muss und kann nicht immer das Führungspersonal oder die Unternehmensleitung die Vorbildfunktion und Repräsentantenrolle einnehmen.

Für die kurzfristige Steigerung der Attraktion lohnt sich der isolierte Einsatz von Belohnungen, langfristige Kampagnen sollten mit einem Leitsymbol wie beispielsweise „Trimmy" flankiert werden.

Viele Unternehmen nutzen die Möglichkeit, mit Fitnessstudios oder anderen Fitnessanbietern zu kooperieren, um den eigenen Mitarbeitern eine vergünstigte sportliche Betätigung als zusätzlichen Anreiz anbieten zu können. Gesundheitstage, Probetrainings, Inhouse-Angebote, spezifische Trainingsangebote für Frauen oder auch ältere Mitarbeiter, Ernährungschecks – die Palette der Anreize, um das Interesse der Mitarbeiter zu wecken und sie möglichst mit ihren individuellen Bedarfen abzuholen, ist groß. Auch im Hinblick auf Mitarbeiter, die zum Beispiel als Vertriebler deutschlandweit unterwegs sind, oder auch Mitarbeiter von Logistikunternehmen, die mit dem Lkw große Strecken zurücklegen, bieten Kooperationen mit Fitnessketten den Vorteil, dass die Mitarbeiter unabhängig vom Firmensitz an verschiedenen Standorten in angeschlossenen Partnerstudios trainieren können.

Der geldwerte Vorteil von Zuschüssen als freiwillige Leistung bleibt dabei unter bestimmten Voraussetzungen sowohl für Arbeitnehmer als auch für Arbeitgeber bis zu einem Betrag von 44 EUR pro Monat steuer- und sozialversicherungsfrei. Dadurch wird die Bezuschussung einer sportlichen Betätigung genauso attraktiv wie mögliche Rabatte. Der Mitarbeiter erkennt nicht nur das Bemühen seines Arbeitgebers, sondern auch seinen persönlichen Vorteil.

Eben hier setzt die Möglichkeit der Kommunikation des Betrieblichen Gesundheitsmanagements an, da der Individuumsansatz hier in voller Breite gespielt werden kann.

Bei dieser Form der Maßnahme oder Intervention handelt es sich allerdings gleich zweifach um eine nur sehr gezielt einzusetzende Möglichkeit im Rahmen der Kommunikation. Die Kommunikation der schier unbegrenzten Möglichkeiten von Firmenfitnessprogrammen weckt Erwartungshaltungen bei Arbeitgeber und Arbeitnehmer, die vielfach nicht eingehalten werden können. Durch die sehr heterogene Qualität der unterschiedlichen Angebote begegnet eine standardisierte und mit einem vermeintlich persönlichen Vorteil ausgestattete Information und gleichzeitig Intervention des Arbeitgebers dem Arbeitnehmer. Dieser wiederum erlebt das Leistungsversprechen des Arbeitgebers vor Ort im Firmenfitnessprogramm als nicht identisch. Es kommt zu einem Kommunikations- und in der Folge Motivationsbruch. Um jedoch den eigenen Vorteil nicht zu verlieren, gibt es hierzu oftmals keine Rückmeldung an den Arbeitgeber, was wiederum die erwartete Wirksamkeit empfindlich herabsetzt.

Firmenfitnessprogramme sind daher kommunikativ nur auf einer Sachebene und dementsprechend zielgerichtet einzusetzen. Ein klassisches Einsatzgebiet läge in der Funktion als Transporter zwischen dem Setting Arbeit und dem Setting Freizeit, wenn die Möglichkeiten des Betrieblichen Gesundheitsmanagements direkt am Arbeitsplatz ausgeschöpft werden.

Auch Betriebssportvereine und -gemeinschaften erleben im Zuge eines zunehmenden Bewusstseins für das Thema Gesundheit in Unternehmen eine Renaissance.

Nicht die sportliche Höchstleistung, sondern das sportliche und gesellschaftliche Miteinander stehen beim Betriebssport im Vordergrund (Deutscher Betriebssportverband e. V. o. J.).

Der organisierte Betriebssport findet überwiegend außerhalb der Arbeitszeit statt. Er ergänzt die Angebote der herkömmlichen Sportvereine und bietet damit eine alternative Möglichkeit der Freizeitgestaltung. Betriebssport ist aber auch Gesundheitssport, z. B. in Sportkursen wie der Rückenschule, Entspannungstechniken, ähnlichen Bewegungstherapien und der Bewegungspausen am Arbeitsplatz. Dabei übernimmt der organisierte Betriebssport koordinierende und beratende Funktionen (Deutscher Betriebssportverband e. V. o. J.).

Die Kombination von Betriebssport und der Kommunikation im Betrieblichen Gesundheitsmanagement scheint auf den ersten Blick etwas obskur. Betrachtet man jedoch die Attribute des Betriebssports, beispielsweise das gemeinschaftliche Zusammensein unter gesundheitsförderlichen Aspekten mit Kollegen, ergeben sich für eine zielgerichtete Kommunikation hervorragende Möglichkeiten. Der Mitarbeiter als Rezipient befindet sich während des Betriebssports auf einer Art „Metaebene" zwischen den Settings Arbeit und Freizeit. Hier werden positive Aspekte der Zugehörigkeit zum Unternehmen ebenso sicht- und fühlbar wie auch die Option, außerhalb der Arbeit mit Kollegen in einem gruppendynamischen Prozess zu stehen.

Gerade für die Bewerbung von Angeboten aus dem Programm des Betrieblichen Gesundheitsmanagements als Bindeglied in das Unternehmen hinein ist der Betriebssport sehr geeignet.

4.3.2 Virtuelle Funktionseinheiten bei dezentral aufgestellte Unternehmen

Eine besondere Herausforderung an die Koordination von und Information über den Maßnahmenkatalog im Rahmen des Betrieblichen Gesundheitsmanagements stellen dezentral aufgestellte Unternehmen dar. Auch bei dezentralen Unternehmensstrukturen muss gewährleistet sein, dass alle Mitarbeiter standortübergreifend einen Zugang zu den verschiedenen Informations- und lokalen Gesundheitsangeboten haben, sei es zur Verbesserung der Entspannung, Ernährung oder Bewegung. Ziel für dezentrale Unternehmensstrukturen ist es daher, ein dokumentations- und evaluationsfähiges System zu entwickeln, das eine individuelle standortspezifische Konzeption ermöglicht. Zusätzlich muss eine zentrale Steuerung bei gleichzeitig kontinuierlicher, dezentraler Umsetzung in Präsenz sowie bedarfs- und zugangsgerechten Angeboten dargestellt werden (vgl. VIP-Training Variable Individuelle Prävention GmbH 2015).

Dieses Ziel als Organisation in Eigenleistung zu erbringen, erfordert entweder eine enorm hohe Affinität zum Thema Gesundheit bei entsprechender Budgetierung oder aber einen nicht wirtschaftlich orientierten Hintergrund.

Eine Lösung kann Outsourcing im Sinne einer externen Strukturlösung mittels sogenannter regionaler Ansprechpartner Gesundheit (RAsG) sein (vgl. VIP-Training Variable Individuelle Prävention GmbH 2015). Ergänzt wird das System durch eine virtuelle Funktionseinheit, bestehend aus externen und internen Kräften, dem sogenannten Projekt Management Office (PMO).

Die definierten regionalen Ansprechpartner bedienen in einem festgelegten Umkreis die Filialen des beauftragenden Unternehmens in einem vertraglich festgelegten Zeitumfang. Das eingesetzte Personal besteht aus externen Fachexperten für das Thema Gesundheit, die neben der regionalen Analyse und Konzeption auch im Rahmen ihrer Fachqualifikation für die Umsetzung der Maßnahmen verantwortlich sind, wobei die Maßnahmen den Feldern Bewegung, Ernährung und Psyche zugeordnet werden. Die RAsG (Regionale Ansprechpartner Gesundheit) stellen die Front-End-Lösung im System dar und können aufgrund ihres variablen Einsatzes kontinuierlich direkt am Arbeitsplatz des Mitarbeiters wirken. Zusätzlich sind sie der relevante Informationsgeber in die organisierende Einheit des Systems, das bereits beschriebene PMO.

Die Verwaltung und Organisation des Systems wird von einer Hybridlösung aus dem Multiprojektmanagement, eben jenem PMO, durchgeführt. Dies ist eine virtuelle Funktionseinheit, die quer über die Organisationsstruktur des beauftragenden Unternehmens gelegt wird und damit alle (Teil-)Kompetenzen und

Mitarbeiter zum Thema Gesundheit unternehmensintern nutzt und gleichzeitig informiert hält. Die disziplinarische Ordnung des Unternehmens bleibt hierbei unangetastet.

Zusätzlich berücksichtigt diese Struktur im Rahmen eines konsequenten internen Key Accountings den Einflussfaktor der Führung auf allen Ebenen. Die Besetzung des PMO wird als hybrid bezeichnet, da sowohl externe als auch interne Mitarbeiter in dieser Struktur zusammenwirken.

Die Vorteile hinsichtlich der kommunikativen Leistung liegen in der spürbaren Erhöhung der Übertragungsgeschwindigkeit von Informationen von Sender zu Empfänger und der Verbesserung des empathischen Verständnisses, da die Botschaften für gewöhnlich mehrfach, multimedial und maßgeblich durch den regionalen Ansprechpartner Gesundheit, also von einem Menschen vermittelt werden.

Der Blended-Ansatz für Kommunikation im BGM findet hier seine stärkste Ausprägung, da neben dem vielfältigen Einsatz von Instrumenten, digitalen Ansätzen und crossmedialen Kampagnen eine „Übersetzungs- und Motivationsfunktion" durch die regionalen Ansprechpartner Gesundheit geschaffen wird.

4.3.3   Bonuskarten – Förderung von Wettbewerb und individueller Belohnung

Eine weitere Möglichkeit, Menschen für gesundheitsförderliches Verhalten zu sensibilisieren und sie dazu zu motivieren, sind Belohnungen durch Boni und Preise.

Seit 2004 haben Krankenkassen die Möglichkeit, Bonusprogramme als freiwillige Leistungen anzubieten. Bei der konkreten Gestaltung sind sie weitestgehend frei. Pflicht ist, dass es sich bei den Maßnahmen, an denen die Mitglieder teilnehmen können, um empfohlene Früherkennungsuntersuchungen handelt und/ oder um Angebote der Primärprävention (vgl. Verbraucherzentrale NRW 2015).

Bei den Bonusprogrammen handelt es sich um Maßnahmen der extrinsischen Motivation. Die Personen führen etwas Vorgegebenes aus, um eine Belohnung zu erhalten. Es ist damit instrumentell, und im Mittelpunkt steht die Belohnung.

Aus diesem Grund treten auch immer wieder Zweifel an der Nützlichkeit von Bonusprogrammen auf. Die Frage ist, ob Vorsorgemuffel oder nicht gesundheitsaffine Personen mit niedriger Gesundheitskompetenz ihr Verhalten ändern oder ob nicht diejenigen, die ohnehin schon gesundheitsaffin sind, von diesen Programmen profitieren, indem sie ihre Gesundheitsaktivitäten von der Krankenkasse bezahlen lassen. Nach einer Studie der Verbraucherzentrale in Nordrhein-Westfalen honorieren zwei Drittel der Krankenkassen im Rahmen eines Bonusprogramms Gesundheit statt gesundheitsbewusstes Verhalten. Vor allem Normalgewicht und Nichtraucherstatus werden belohnt. Als nachteilig ist hierbei anzusehen, dass Übergewichtige oder Raucher auch dann keinen Bonus erhalten, wenn sie sich ihrem Ziel nähern (vgl. Verbraucherzentrale NRW 2015).

Für die Krankenkassen haben Bonusprogramme den Vorteil, dass sie durch gesundheitsbewusste Mitglieder langfristig Kosten sparen und ihre Kunden dadurch binden (vgl. Noé 23. Januar 2016). Die Mitglieder werden motiviert, an den entsprechenden Vorsorgeuntersuchungen und gesundheitsförderlichen Maßnahmen teilzunehmen.

Dieses System der Belohnung durch Krankenkassen können Unternehmen auch bei sich einführen bzw. eigene Systeme zur Belohnung von gesundheitsförderlichem Verhalten bei sich etablieren.

Eine Möglichkeit, die manche Unternehmen nutzen, ist die Prämien. Diese wird ausgezahlt, wenn keine oder eine geringe Anzahl von krankheitsbedingten Fehltagen in definierten Zeiträumen für Teams oder Einzelpersonen gemessen wurden. Die Messung findet in Krankheitstagen oder Gesundheitsquoten statt. Gesundheitsmanager sprechen sich häufig gegen Prämienzahlungen aus, weil dadurch Präsentismus praktiziert wird und Mitarbeiter für Krankheit bestraft werden (vgl. Röhring et al. 2013).

Bei dem World-Café „Anreizsysteme" des BGF wurden verschiedene Punkte erarbeitet, die Voraussetzung sind, damit ein Anreizsystem im BGM funktioniert. Zum einen ist es wichtig, dass bereits ein funktionierendes BGM etabliert ist und das Anreizsystem erfolgreich im Sinne der Gesundheitsförderung mitwirken kann. Es sollte weiterhin sowohl private als auch betriebliche Gesundheitsvorsorge belohnen. Zum anderen sollte es einfach und verständlich sein und einen gewissen Spaßfaktor bieten. Die hohe Attraktivität gewährleistet die Nachhaltigkeit. Personelle Ressourcen sind die Voraussetzung, ein solches Anreizsystem einzuführen, durchzuführen und ein anschließendes Controlling durchzuführen. Bei der Planung von Anreizsystemen ist es sinnvoll, Beschäftigte bzw. eine Mitarbeitervertretung, z. B., den Betriebsrat mit einzubeziehen. So können die richtige Kommunikation und Begleitung des Projekts gewährleistet werden. Führungskräfte müssen für das Projekt gewonnen werden und dienen dann als Multiplikatoren. Zusätzlich ist ein gutes internes Marketing notwendig (vgl. Röhring et al. 2013).

Um das Anreizsystem aufzubauen, gibt es verschiedene Möglichkeiten. Für folgende gesundheitsbewusste Verhaltensweisen können Anreize geschaffen werden (vgl. Röhring et al. 2013):

- Beteiligung an/Besuch von/Mitwirkung an Gesundheitsförderungsangeboten
- Erfolgreiche Nikotinentwöhnung
- Nachweis der Nutzung von regelmäßigen Vorsorgeuntersuchungen
- Absolvierung des deutschen Sportabzeichens
- Gesunde Gewichtsanpassung
- Besuch von Gesundheitsangeboten
- Teilnahme an Gesundheitsaktionen
- Aktive Mitgliedschaft im Sportverein

Literatur

Arns, T. (2012). Social Media in deutschen Unternehmen. BITKOM. https://www.bitkom. org/Publikationen/2012/Studie/Social-Media-in-deutschen-Unternehmen/Social-Media-in-deutschen-Unternehmen4.pdf. Zugegriffen: 17. Jan. 2015.

Backofen, D., & Donneeer, A. (10. Juli 2015). So geht die digitale Transformation im Mittelstand. IP Insider. http://www.ip-insider.de/so-geht-die-digitale-transformation-im-mittelstand-a-497059. Zugegriffen: 19. Febr. 2016.

cpwissen. (2014). Weltweit eine einheitliche Mitarbeiterkommunikation. http://www.cpwissen.de/kircherburkhardt-bosch-zuender.html. Zugegriffen: 23. Febr. 2016.

Deloitte & Touche GmbH Wirtschaftsprüfungsgesellschaft. (2015). Deutsche Fitnessbranche mit hoher Dynamik. Studie analysiert Mitgliederrekord von 9,1 Millionen. http:// www2.deloitte.com/de/de/pages/consumer-business/articles/fitnessstudie-2015-consumer-business.html. Zugegriffen: 23. Mai 2016.

Deutscher Betriebssportverband e. V. (o. J.). Betriebssport – was ist das? http://www.betriebssport.net/Allgemeine%20Angaben/Betriebssport%20-%20was%20ist%20das. Zugegriffen: 24. Mai 2016.

Deutscher Olympischer Sportbund (o. J.). Die Geschichte der „Trimm Dich" – Bewegung. http://www.trimmy.de/de/trimmy/die-geschichte/. Zugegriffen: 29. Mai 2016.

DSSV Arbeitgeberverband für die Fitness-Wirtschaft. (2017). https://www.dssv.de/. Zugegriffen: 23. Febr. 2017.

Duden. (2016). Screening. http://www.duden.de/rechtschreibung/Screening. Zugegriffen: 4. Nov. 2016.

Führmann, U. (2015). Erreichbarkeit, Übersichtlichkeit, Aktualität. IK-Blog. http://www. ik-blog.de/neue-digitale-interne-kommunikation-mitarbeiterapp/. Zugegriffen: 27. Nov. 2015.

Idstein, W. (2012). Mitarbeitermagazine werden wieder stärker top-down kommunizieren. cpwissen. http://www.cpwissen.de/Experten-Forum/items/mitarbeitermagazine-werden-wieder-staerker-top-down-kommunizieren.html. Zugegriffen: 11. Jan. 2016.

Knop, C. (23. März 2015). 9 Millionen Deutsche gehen ins Fitnessstudio. Frankfurter Allgemeine Zeitung, S. 1. http://www.faz.net/aktuell/wirtschaft/unternehmen/fitnessketten-9-millionen-deutsche-gehen-ins-fitness-studio-13501691.html. Zugegriffen: 8. Dez. 2016.

Neumann, K. (2011). Social Media als Marketing-Instrument für Unternehmen. Bachelor-Arbeit. http://serwiss.bib.hs-hannover.de/files/281/Social_Media_Marketing_K_Neumann.pdf. Zugegriffen: 15. Jan. 2016.

Noé, I. (23. Januar 2016). Bonusprogramme der Krankenkassen. Lohnt sich das Punktesammeln? n-tv. http://www.n-tv.de/ratgeber/Lohnt-sich-das-Punktesammeln-article16795776.html. Zugegriffen: 23. Mai 2016.

Röhring, A., Brodersen, S., & Mertens, G. (2013). Ergebnisse des World-Cafés „Anreizsysteme". http://www.bgf-institut.de/fileadmin/redaktion/downloads/Aktuelles/Ergebnisse_des_World_Cafes_Anreizsysteme.pdf. Zugegriffen: 20. Mai 2016.

Sanders, F. (2014). Die Zukunft der Mitarbeiterzeitschrift. http://www.scmonline.de/upload/downloads/MAZ_Studie.pdf. Zugegriffen: 23. Jan. 2016.

Siwek, C. (2014). BVDW-Studie: Social Media in Unternehmen. http://www.bvdw.org/mybvdw/media/download/studie-social-media-in-unternehmen-ergebnisband-gesamt.pdf?file=3285. Zugegriffen: 17. Jan. 2016.

Verbraucherzentrale NRW (2015). Bonusprogramme der gesetzlichen Krankenkassen. Anreiz für gesundheitsbewusstes Verhalten oder Prämienzahlung für Gesunde? Untersuchung der Verbraucherzentrale NRW. http://www.verbraucherzentrale.nrw/mediabig/236794A.pdf. Zugegriffen: 23. Mai 2016.

VIP-Training Variable Individuelle Prävention GmbH. (2015). http://vip-konzept.de/. Zugegriffen: 27. Mai 2016.

Waldbröl, V. (2015). Die lebende Totgesagte: Mitarbeiterzeitschrift im Multi-Channel-Publishing. K12 Agentur für Kommunikation und Innovation, 4. Februar 2015. http://www.moderne-unternehmenskommunikation.de/uncategorized/die-lebende-totgesagte-mitarbeiterzeitschrift-im-multi-channel-publishing. Zugegriffen: 30. Nov. 2015.

Weiterführende Literatur

Beck, K. (2014). *Soziologie der Online-Kommunikation (essentials)*. Wiesbaden: Springer VS.

Ernährung Online. (2012). http://ernaehrung-online.com/. Zugegriffen: 21. Mai 2016.

Fischer, M. (2014). King Content erobert den Thron. http://www.diefirma.de/article/studie-b2b-online-monitor-2014-ergebnisse/. Zugegriffen: 22. Mai 2016.

Oettinger, A. (2014). Stichwort: Online-Marketing vs. Online-Kommunikation. http://www.andreas-oettinger.de/2014/stichwort-online-marketing-vs-online-kommunikation/. Zugegriffen: 21. Mai 2016.

Schmidtbleicher, B. (2015). „Immer nur die in der Zentrale…!" – BGM in dezentralen Organisationen. http://vip-konzept.de/immer-nur-die-in-der-zentrale-bgm-in-dezentralen-organisationen/. Zugegriffen: 25. Mai 2016.

Shaw Academy. (2016). Diploma in Ernährung. http://www.shawacademy.com/de/nutrition/course-details.html. Zugegriffen: 22. Mai 2016.

Tintemann, J. (2014). B2B-Unternehmen: Online-Kommunikation 2014 – Einsatz, Erfolg und Ziele. https://de.yoocorp.com/themen/b2b-online-marketing/b2b-unternehmen-online-kommunikation-einsatz-erfolg-ziele/. Zugegriffen: 21. Mai 2016.

Vitaliberty. (2016). Lösungen für gesündere Mitarbeiter und erfolgreiche Unternehmen. https://www.corporate-moove.de/. Zugegriffen: 22. Mai 2016.

Fazit: Der Blended-Motivation-Ansatz als ganzheitliche Motivationsstrategie im BGM

5

Wie kann ein Unternehmen PR und Kommunikation im Betrieblichen Gesundheitsmanagement bereits früh einbinden? Mit dieser Fragestellung befasst sich das vorliegende Buch. Anhand von unterschiedlichen Strategien und Instrumenten ist dabei gezeigt worden, wie die Umsetzung erfolgen kann und wie im Betrieblichen Gesundheitsmanagement kommuniziert und motiviert wird. Zum Abschluss soll nun auf Basis der hier vorgestellten Theorien und Praxisbeispielen eine Gesamtstrategie vorgestellt werden, welche die einzelnen Bausteine verknüpft: Der „Blended Health Motivation Approach".

5.1 Der theoretische Ansatz

Das Hauptaugenmerk liegt auf der Amuse-Gueule-Strategie, der Wettbewerbsstrategie, der Partizipationsstrategie sowie auf dem Individuumsansatz. Diese Strategien sind zur Veranschaulichung der Tauglichkeit einzelner Instrumente verwendet worden. Nachdem die Thematik in den Kapiteln beschrieben worden ist, sollen nun die unterschiedlichen Strategien, die alle verschiedenste Funktionen haben, zu einer großen Gesamt-PR-Strategie vernetzt werden.

Um eine klare Vorstellung zu erhalten und tiefer auf die Thematik eingehen zu können, soll zunächst der Begriff „Blended Health Motivation Approach" wiederholt werden. Darunter wird eine Mischung aus unterschiedlichen Verfahren der Gesundheitskommunikation verstanden, die sowohl in eine chronologische als auch in eine funktionelle Reihenfolge gebracht werden. Dies erfolgt zum einen chronologisch, weil manche Strategien anderen zuvorkommen müssen und manche Strategien anderen folgen müssen. Zum anderen ist die funktionelle Komponente zu berücksichtigen, da in Hinblick auf den Einsatz andersartiger Instrumente, wie die sogenannten Online- oder Offline Maßnahmen, je nach Funktion jeweils

© Springer Fachmedien Wiesbaden GmbH 2017
A. Ternès et al., *Integriertes Betriebliches Gesundheitsmanagement*,
DOI 10.1007/978-3-658-14640-5_5

die Vorteile eines jeden Instruments genutzt und die Nachteile durch ein anderes Instrument, mit dem es kombiniert wird, kompensiert werden sollen. Die Online- und Offline-Maßnahmen haben die Funktion, das Angebot mithilfe von digitalen und analogen Instrumenten zu bewerben. Der beste Erfolg wird mit beiden Formen erzielt, wenn ein Wechselspiel zwischen Online- und Offline-Instrumenten realisiert wird. Die Erreichung der Strategien kann so laufend den Bedürfnissen und Erfahrungen angepasst werden. Das Wechselspiel zwischen Online- und Offline-medien im Rahmen des Betrieblichen Gesundheitsmanagements dient somit dem Marketing für die Maßnahmen innerhalb des Unternehmens.

5.2   Der praktische Ansatz

Der praktische Teil beginnt nun mit der Betrachtung des Kommunikationsansatzes. In der Theorie bilden mehrere Bausteine den Rahmen. Der erste Baustein stellt hierbei den ersten Impuls dar, beispielsweise in Form einer Impulsveranstaltung oder eines Impulsprojektes. Hier kommt als erste der vier Strategien die Amuse-Gueule-Strategie zum Einsatz, die sich sowohl mit der Art und Weise der Gewinnung der Zielgruppe auseinandersetzt als auch damit, wie nach außen kommuniziert wird. Der Nutzen muss kommunizierbar und der Einstieg sehr niedrigschwellig sein. Denn die Bereitschaft und Akzeptanz sind erst dann am höchsten, wenn das Angebot, das die Mitarbeiter in Anspruch nehmen sollen, mit einem geringen Aufwand seitens des Beschäftigten wahrgenommen werden kann. Gerade in der Partizipation spielt die Niedrigschwelligkeit eine wichtige Rolle zur Sicherstellung eines breiten Teilnehmerkreises an einer Impulsveranstaltung. Weiter ist zu beachten, dass ein solches Event immer zuerst physisch sein sollte. Der Grund dafür liegt in der Tatsache, dass durch direkte personelle Kommunikation die stärkste emotionale Kohärenz aufgebaut wird. Um die Maßnahme der Entspannungssysteme aufzugreifen, kann der Teilnehmer erst eine angemessen Bewertung abgeben, nachdem ein aktives Erlebnis durch das Hören und Fühlen angeboten worden ist. Im Allgemeinen sollen Anreize geschaffen werden, um das Interesse der Beteiligten für die Thematik zu wecken. Ein Wettbewerb oder eine andere Systematik ist ein solcher Anreiz, der die Veranstaltung unterstützt und in der Wettbewerbsstrategie verankert ist. Der Hintergrund für die Wettbewerbsstrategie ist die Absicht, die Mitarbeiter dahin gehend zu motivieren, auf einen Erfolg hinzuarbeiten. Damit die Impulsveranstaltung stattfindet und das Interesse im weiteren Verlauf nicht nachlässt, muss die Individuumsstrategie umgesetzt werden. Hier geht es darum, mehrere Impulse hintereinander einzusetzen, mit dem Ziel, die Beteiligten voranzutreiben und ihre Motivation aufrechtzuerhalten. Die

Impulsveranstaltungen werden dann kontinuierlich begleitet, sei es durch eine App, einen Gesundheitslotsen oder anderweitige Gesundheitsansprechpartner. Nicht zuletzt ist es wichtig, ein Thema für die Impulsveranstaltung auszuwählen, das die Beteiligten aktiv einbindet. Hierbei handelt es sich um die Partizipationsstrategie, also die Einbindung aus dem Unternehmen für das Unternehmen. Von Anfang an werden die Mitarbeiter und ihre Vorstellungen und Wünsche in den Reorganisationsprozess einbezogen, womit eine höhere Toleranz bezogen auf die Projekte erreicht werden soll. Auf diesem Weg wird das Betriebliche Gesundheitsmanagement kommuniziert.

5.3   Praxisbeispiel: Blended Motivation bei der Mustermann GmbH

Um das Thema besser nachvollziehen können, soll ein fiktives Beispiel herangezogen werden. Hierbei wird ein Unternehmen namens „Mustermann GmbH" betrachtet, das das Thema „Psychische Gesundheit" im Rahmen des Betrieblichen Gesundheitsmanagements einführen möchte. Die Mustermann GmbH ist ein Versicherungsunternehmen mit rund 5000 Mitarbeitern an ca. 100 Standorten.

Bei der Einführung soll eben jener Ansatz mit den Impulsveranstaltungen herangezogen werden. Die Kombination von Online- und Offline-Instrumenten ermöglicht dabei, die Vorteile von beiden Möglichkeiten zu nutzen. Dies ist nämlich die Voraussetzung für ein effizientes und ganzheitliches Betriebliches Gesundheitsmanagement. Von entscheidender Bedeutung sind das Projektmanagement und der Prozesscharakter. Dementsprechend gilt es, die Maßnahmen, welche auch die Bezeichnungen „Hilfsmittel" oder „Instrumente" haben können, den Strategien zuzuordnen und zum richtigen Zeitpunkt über einen geeigneten Zeitraum einzusetzen. Empfehlenswert ist ein Zeitplan, der mittels Erinnerungen helfen kann, die Termine einzuhalten und die anstehenden Projekte rechtzeitig zu kommunizieren. Wenn die Strategien erfasst worden sind, wird ermittelt, welche Maßnahmen zur Umsetzung benötigt werden. Welche Maßnahmen, wie viele und zu welchem Zeitpunkt eingesetzt werden sollen, obliegt der Entscheidungsfreiheit des Gesundheitsmanagers.

Zu den Maßnahmen, auf die in diesem Abschnitt eingegangen wird, zählen die Einführungsveranstaltung, der Gesundheitstag, virtuelle Funktioneinheiten, Schulungen, Seminare oder Workshops, Online-Tools, spezielle Maßnahmen zur Steigerung der Selbsterfahrung und nicht zuletzt Wettbewerbe. Werden diese nun in eine Reihenfolge gebracht, so kann die Sensibilisierung für das Thema „psychische Gesundheit" wie folgt aussehen:

Zunächst erfolgt die Organisation eines Gesundheitstages am Hauptstandort mit dem Namen „Psychisch gesund im Arbeitsalltag der Mustermann GmbH", um die Zielgruppe, in diesem Fall die Mitarbeiter, aufmerksam zu machen. Es werden zwei kurze Impulsvorträge mit konkreten Arbeitssituationen und Informationen, wie die Maßnahmen des BGMs hier helfen können, gewählt. Zusätzlich werden Maßnahmen mit direktem niedrigschwelligem Selbsterfahrungseffekt (in diesem Fall audiovisuelle Entspannungssysteme) ausgesucht.

Anschließend wird gezielt sowohl über Onlinekanäle und passend eingesetzte Newsletter, Flyer und Plakate als auch über die direkte Ansprache durch virtuelle Funktionseinheiten (zum Beispiel Gesundheitslotsen) die Botschaft platziert, dass es sich um konkrete Hilfestellungen für den Arbeitsalltag handelt und dass auf der Veranstaltung neue Strategien vorgestellt werden, wie man die diese zukünftig umsetzen kann. Dieser Ansatz versteht sich als Amuse-Gueule-Strategie. Wahrscheinlich werden hauptsächlich die Mitarbeiter am Hauptstandort den Gesundheitstag besuchen, für das Erfüllen des ersten Bausteins der Strategie ist dies aber absolut ausreichend.

Als nächstes wird die Veranstaltung gehalten und die Mitarbeiter werden sensibilisiert und über die Vorteile und Chancen von Betrieblichem Gesundheitsmanagement informiert. Die Vorträge transportieren dabei die Botschaft, dass es sich um Maßnahmen zur Optimierung des Arbeitsalltags handelt, und zeigen die nächsten Schritte und Möglichkeiten auf. Im Praxisbeispiel sollen zwei Maßnahmen auf den Tag folgen: zum einen eine Gefährdungsbeurteilung psychischer Belastungen für das gesamte Unternehmen und zum anderen eine Bonuskarte für das regelmäßige Nutzen unterschiedlicher Maßnahmen zur Steigerung der psychischen Gesundheit welche das Unternehmen flächendeckend anbietet. Fragen und Anregungen zur Bonuskarte sind bei dieser Veranstaltung willkommen, um die Nachfrage besser einschätzen und anpassen zu können.

Nach der Veranstaltung folgt die letzte Phase der „Amuse-Gueule-Strategie". Um sowohl die noch nicht überzeugten Mitarbeiter am Hauptstandort als auch die Mitarbeiter an anderen Standorten zu erreichen, werden Interviews, Fotos und Beschreibungen des Tages zusammen mit Ankündigungen der nun folgenden Aktionen über das Intranet, Newsletter online sowie virtuelle Funktionseinheiten im direkten Gespräch verbreitet. Der erste Sensibilisierungseffekt ist erzielt, aber noch herrschen Skepsis und überschaubare Motivation in der Mustermann GmbH vor.

Daher setzen ca. vier bis sechs Wochen nach der Initialveranstaltung die angekündigten Maßnahmen ein. Eine online gestützte, fragebogenbasierte Gefährdungsbeurteilung psychischer Belastungen mit anschließenden Ergebnisworkshops wird durchgeführt. Das Besondere: Während die anonym erfassten

Daten zur Beurteilung der Arbeitsplatzsituation genutzt werden, erhält der Mitarbeiter automatisch nach der Befragung konkrete Gesundheitstipps für sich in seiner Arbeitssituation sowie eine Einladung zu einer individuellen Gesundheits-Challenge (der Mitarbeiter bekommt auf ihn abgestimmte Gesundheitsaufgaben und Ziele), bei der neben persönlichen Aufgaben vor Ort auch die Nutzung von Entspannungssystemen (an den größeren Standorten) aufgeführt ist. Auf diese Weise werden Partizipationsstrategie („fülle den Fragebogen aus bzw. mach bei den Workshops mit und nimm so Einfluss auf deine Arbeitssituation") sowie Wettbewerbsstrategie („tu etwas für deine persönliche Gesundheit und profitiere doppelt davon") miteinander verbunden. Eine wichtige Rolle kommt gleichzeitig den virtuellen Funktionseinheiten sowie den Entspannungssystemen zu, da diese die online basierten Maßnahmen unterstützen und „Ermüdungseffekten" entgegenwirken. Denn ohne die direkten Ansprechpartner, Kurse vor Ort sowie niedrigschwellige Angebote lässt sich die Strategie nicht in der Fläche steuern.

Durch diese Kombination von direkten und indirekten Kommunikationskanälen sowie unterschiedlichen Strategien werden die jeweiligen Schwächen der einzelnen Bausteine ausgeglichen und ein umfassende kombinierte Strategie (Blended Motivation) entsteht.

Nach sechs Monaten erfolgt dann eine erneute Präsenzveranstaltung. Die besten Challenge-Teilnehmer werden ausgezeichnet, die Ergebnisse der Gefährdungsbeurteilung psychischer Belastungen sowie die beschlossenen Maßnahmen werden verkündet, was wiederum den Startschuss für die nächste Runde des Blended Motivation Approachs darstellt.

Printed in the United States
By Bookmasters